KB000753

1남 1녀 1고양이의 바르셀로나 생활기

바르셀로나,
지금이 · 좋아

글 정다운 | 사진 박두산

중앙books

일러두기

● 본문의 스페인어는 된소리로 발음하는 경우가 많으나,
  표기법에 따라 거센소리로 표기하였습니다.
● 각 장 끝에 실린 '그의 시선'은 이 책의 사진을 찍은 박두산 작가의 글입니다.

1남 1녀 1고양이의 바르셀로나 생활기

바르셀로나,
지금이 · 좋아

prologue

해피엔딩,
그리고 다시 시작인 이야기

이 책은, 우리의 첫 책《우리는 시간이 아주 많아서》의 다음 이야기가 될지도 모르겠다. 그 책은 남미 여행기이고, 이 책은 바르셀로나 생활기이지만, 어쩔 수 없이 두 이야기는 이어져 있다. 4년 반 전, 처음 회사를 그만둔 순간 시작된 이야기.

회사를 그만두고 여행을 다녀왔다고 해서 당장 크게 달라진 건 없었다. 다시 일을 하면서 여행 전 일상으로 돌아가는 데는 오랜 시간이 걸리지 않았다. 하지만 천천히 일상을 쌓아가다가 알게 되었다. 우리는 달라져 있었다. 우선 익숙한 공간 밖에 어떤 이야기가 있는지 알아버렸다. 그리고 그것이 그렇게 닿기 어려운 곳이 아니며, 대단하고 특별한 사람만이 가질 수 있는 게 아니라는 것도 알게 되었다. 또한 우리가 아직 젊다는 것도 알았다.

그리고 가장 중요한 것. 여행을 하고 제주에 사는 동안, 우리는 돈을 많이 벌지 않아도 잘 살 수 있는 사람이라는 것을 알았다. 남들처럼 벌고 남들처럼 쓸 때는 몰랐는데, 적게 벌고 적게 써보니, 나는 덜 벌고 덜 쓰는 일이 좋았다. 그럴 때 내 마음이 편했다. 그렇다면, 우리는 어디에서나 살 수 있을지도 모르겠다.

다른 나라 다른 도시에 살아보고 싶었다. 여행을 하다 그곳이 마음에 들면 '여기서 살면 어떨까' 상상했다. 낯선 도시의 부동산 유리창에 코를 박고 낯선 통화로 적혀 있는 임대료가 한국 돈으로 얼마인지 계산해보는 일은 지금 하고 있는 여행을 더 즐겁게 해주었다. '태어나는 곳은 내가 고르지 못했지만, 살아갈 곳은 고를 수 있는 거 아닌가' 하는 생각도 자주 했다. 어디에서나 살 수 있으려면 어떤 나라에서든 통하는 기술이 있어야 한다며, 네일 아트나 자동차 정비 같은 걸 배워볼까, 반은 농담으로, 반쯤은 진지하게 이야기를 하기도 했다. 나의 20대와 30대는 그러면서 지나갔다.

하지만 정말로 외국에서 살 수 있을 거라고는 생각하지 않았다. 과거도 현재도 미래도, 아무리 따져봐도 우리는 외국에서 살 조건을 갖춘 사람들이 아니었다. 둘 다 어학연수든 교환학생이든 외국에 살아본 경험이 전혀 없었으며, 모아둔 돈이 많은 것도 아니었고, 물려받을 재산이 있는 것 또한 아니었다. 외국에서 써먹을 수 있는 기술을 가지고 있지도 않았다. 게다가 결정적으로 나는 영어도 못한다. 외국에서 사는 건 이미 살아본 사람이거나 아니면 돈이 많거나 혹은 능력이 있거나, 그것도 아니라면 정말로 한국에서 그만 살고 싶어서 인생을 걸고 이민을 가는 사람들이라고 생각했다. 하지만 나는 영영 한국을 떠나고 싶은 것도 아니었으니까.

아주 막연하게 그냥, 한국이 아닌 다른 나라에서 살아보고 싶은 것뿐이었다. 그건 유럽 어느 도시여도 괜찮고, 남미 대륙이어도 좋으며, 동남아나 일본 같은 곳이어도 좋을 것 같았다. 짧게는 몇 달, 길게는 몇 년이어도 좋겠다고 생각했다. 이 생각은 여행을 거듭할수록 진해졌다. 다녀온 여행지 중에 가장 살고 싶은 곳을 꼽아보는 밤들이 쌓여갔다.

바르셀로나에는 동생이 살고 있다. 아주 오래전 동생이 군에 입대했을 때 나는 막 입사한 사회 초년생이었는데, 무슨 생각이었는지 군대로 유럽 가이드북과 스페인 여행에세이를 보냈다. 그리고 동생의 제대가

다가왔을 때 모아둔 월급을 털어 유럽 왕복 항공권을 사서 건넸다. 당연히 기뻐하고 고마워할 줄 알았던 동생은 당황스러워했다. 제대하고 한국에서 할 일이 많다며, 여행 가고 싶지 않다고 외치던 동생은 울며 겨자 먹기로 억지로 유럽 배낭여행을 갔는데, 거기서 그만 바르셀로나에 반해서 다른 도시는 다 젖혀두고 줄곧 그곳에 머물다가 귀국했다. 돌아와서는 다시 바르셀로나로 반년간 짧은 어학연수를 다녀오더니, 어느 날 가방 하나를 들고 바르셀로나로 아주 살러 갔다. 돈도 없고 기술도 없으며, 영어도 못 하는데! 그건 내가 누구보다 잘 아는데!

다만, 동생은 바르셀로나를 좋아했다. 정말로 좋아했다. 어느 도시를 좋아하는 것만으로도 그곳에 가서 살 수 있다는 걸 나는 동생을 보면서 처음 알았다.

"사람마다 각자 잘 맞는 땅이 있을 텐데 너는 그게 한국이 아니라 바르셀로나인가 보다. 그러면 바르셀로나에 살아야지."

몇 년 전인가 바르셀로나에 여행을 가서 처음으로 마주보고 깊은 이야기를 나누다가 동생이 조금 부러워졌다. '인연의 도시를 찾았다는 것만으로도 너는 인생에서 커다란 하나를 이룬 걸지도 모르겠다'고 생각했는데, 아마 이 이야기까지 꺼내놓지는 않았던 것 같다. 동생은 맨몸으로 바르셀로나에 가서 온갖 고생을 하더니 '가우디 투어' 일을 시작했다. 처음엔 혼자 하다가 조금씩 이름이 알려지면서 함께 일하는 사람들이 늘었다. 그러던 어느 날 동생이 바르셀로나에서 함께 일할 수 있는 사람을 구한다며, 주변에 누구 믿을 만한 사람이 없는지 조언을 구했다. 그 이야기를 듣자마자 '이건 우리가 가야겠다'고 생각했다. 가진 기술이 없는 내가 돈을 벌 수 있는 곳이라면, 영어를 못 해도 스페인어를 배워가며 살아볼 수 있을 것 같았다. 이번 기회가 아니면, 나는 아마 영영 외국에서 살아보고자 하는 꿈은 이루지 못할 것 같았다. 손을 번쩍 들었다. 기회는 잡아야 하고, 행복은 미루지 않아야 한다.

하지만 내 옆에는 남미 여행 후 다시 취업해 회사를 다니고 있는 남편이 있다. 남편의 생각은 다를지도 모른다. 남편의 마음을 두드려보기 시작했다. 언제부턴가 그의 꿈은 '요리를 하는 것'이었다. 그것이 요리사가 되는 것인지, 식당을 차리고 싶은 것인지, 아니면 요리를 배워 맛있게 삼시 세끼를 해먹고 싶은 것인지 남편 스스로도 잘 모르는 것 같았지만, 여하간 그는 요리를 할 때 가장 행복한 사람이다. 바르셀로나에는 마침 꽤 유명한 요리학교가 있다. 그러니까, 우리가 바르셀로나에 간다면, 남편과 나는 나란히 꿈을 이루게 되는 셈이었다.

"바르셀로나에 살면 어떨까, 나는 스페인어를 배우고, 오빠는 요리를 배우며 살아보면 어떨까." 이야기를 나누는 동안 남편의 얼굴은 자꾸만 밝아졌다. 길지 않은 고민 끝에 우리는 "가겠다"고 결정했다. 우리의 목표는 '요리를 배우자. 스페인어를 배우자. 돈은 못 모아도 괜찮으니 빚만 지지 말자.' 이 세 가지였다. 그렇게 딱 2년만 일하며 배우며 바르셀로나에서 살아보자. "바르셀로나 가서 뭐 하려고"라고 묻는 주변 사람들에게는 "요리를 배워서 인생 2막을 준비하려고요"라는 거창한 이야기를 해보기도 했지만 사실 바르셀로나는 30대 후반의 우리가 방황하기에 좋은 땅일 것 같았다. 이 이야기는 남편에게도 하지 않았지만,

요리 같은 건 배워도 좋고 안 배워도 좋다고 생각했다. 군이 뭘 해야 하는 건 아닐지도 모른다고.

지금 확실한 건 남미를 다녀온 뒤 우리 인생이 조금 더 재미있어졌다는 것이고, 그래서 바르셀로나를 다녀온 뒤의 인생도 기대된다는 것. 그것뿐이다. 이야기는 그럴 때 시작되는 법이니까. 낯선 이에게 용기 내어 말을 걸 때, 가던 길을 멈추고 길고양이에게 캔을 따줄 때, 내릴 역을 지나칠 때, 택시를 타고 "강릉이요!"라고 외칠 때, 그리고 출근하다 말고 훌쩍 낯선 도시로 떠날 때, 이야기는 시작된다. 어떤 이야기가 될지는 전혀 예측할 수 없지만, 아주 사소한 이야기가 될 수도 있고, 별 볼일 없는 이야기가 될 수도 있겠지만, 우리는 새로 시작될 이야기에 두근거리기 시작했다.

Contents

어느 도시를
좋아하는 것만으로도
그곳에 가서
살 수 있는 거라면

1

1

제제야, 바르셀로나 가자!

───────

　기대감과 두려움 속에서 바르셀로나행을 결정한 뒤 가장 먼저 한 일은 부모님에게 알리는 일이었다. 그런데 의외로 많이 놀라지 않으시고 잘 다녀오라고 말씀해주셨다. (물론 '반드시 2년 안에 돌아와야 한다'는 당부는 잊지 않으셨다.) 돌이켜보면 언제나 그랬다. 처음 회사를 그만두고 여행을 간다고 했을 때도, 제주도로 이사하겠다고 했을 때도, 우리가 미리 걱정한 것만큼 반대하지 않으셨다.

　나는 어린 시절부터 독립적인 딸이었다. 대학 입학 이후부터 집에서 용돈과 등록금을 받지 않고 내가 벌어서 학교를 다녔고, 서른이 넘어서는 경제적, 정신적으로 완전한 독립을 하겠다고 원룸에서 혼자 살아보기도 했다. 성인이 된 후 내가 무엇을 하겠다고 했을 때 부모님은 한 번도 반대한 적이 없었다. 하지만 남편은 나와는 조금 다를 거라고 생각했다. 부모님 기대를 충족시키며 그 품 안에서 살아온 아들이었으니까. 그래서 사실은 시부모님 설득이 어려울 거라 생각했지만, 이번에도 미리 걱정한 것이 무색할 정도로 흔쾌한 반응이 돌아왔다. 망설일 이유가 점점 사라졌다.

　　이제 제제에게 이 사실을 알릴 일이 남았다. 제제는 2012년 봄에 태어난 털이 하얗고 긴 고양이. 태어난 해 여름, 아직 아기였을 때 아는 분의 빌라 주차장에서 구조되어 우리 집에 왔다. 남미를 여행할 때는 어쩔 수 없이 친정 부모님 댁에 맡겼는데, 바르셀로나에는 정해진 거처가 있으니 우리는 함께 갈 수 있다.

　　"제제야, 언니랑 형이랑 바르셀로나 가서 살자."

　　"야옹."

　　"같이 갈 거지?"

　　"야옹."

　　대답 잘하는 제제는 물을 때마다 "야옹" 했다. 우리는 그 답이 "응" 하는 긍정의 대답이라고 믿기로 했다.

　　"제제야 고마워. 우리 바르셀로나 같이 가는 거야. 그러려면 동물병원에 가서 주사도 맞고 채혈도 해야 하고 비행기도 오래 타야 하는데, 우리 제제 살할 수 있지?"

　　"야아옹."

반려동물 입국에 대한 기준은 나라마다 조금씩 다른데, 스페인은 '광견병 예방 접종'과 '광견병 항체가 검사 결과'를 요구했다. 항체가 검사 결과가 기준 수치 이상이라는 걸 확인하고도 3개월간 한국에 더 체류한 뒤에야 스페인에 입국할 수 있다. 주사를 맞고, 채혈을 하고, 서류를 준비하고, 우리 둘의 비자 준비보다 과정이 길고 복잡하다. 항체가 검사 결과 때문에 출국 날짜를 두 달 정도 미루기도 했다.

하지만 그러는 동안 한순간도 제제를 두고 우리끼리 간다는 생각은 하지 않았다. 가는 길이 험난해도 우리는 가족이니까. 제제도 말은 못하지만, 그렇게 생각할 거라고 믿는다. 우리는 한 팀. 어디든 함께 간다.

"야옹."

반려동물도 비행기에 탈 수 있으나 케이지까지 합친 무게가 기준 이상이면 기내에 함께 타지 못한다. 제제는 6kg에 육박하는 건장한 고양이라, 케이지 무게를 합치면 10kg이 훌쩍 넘었다. 그래서 함께 타는 건 불가능하고 화물칸에 타야 한다. 대부분의 비행기는 온도 조절이 가능한 동물용 화물칸이 따로 있는데, 제제는 그곳에 탄다. 직원이 직접 케이지를 들고 타고 또 직접 데리고 나온다고 한다. 그러니 걱정할 필요 없다고들 했지만, 나는 제제가 처음 해보는 장시간 비행을 잘 견딜 수 있을지 걱정이 되어 며칠 전부터 소화가 안 될 지경이었다.

인천공항에서 직원이 제제가 들어 있는 케이지를 들고 사라졌다. 우리가 탄 비행기를 제제도 잘 탔는지, 비행기 소음이 시끄럽지는 않은지, 춥거나 무섭지는 않은지, 잘 자고 있는지, 배변은 했는지, 아니면 참고 있는지, 옆에 다른 동물 친구는 있는지…. 내내 걱정을 하느라 정작 바르셀로나 생활에 대한 마음의 준비 같은 건 할 여력이 없었다.

"제제야, 우리는 비행기를 타고 바르셀로나에 살러 가는 거야. 너 혼자 어디 보내는 거 아니야. 무서운 데 가는 것도 아니야. 우리 같이 가는 거야. 조금만 참아줘."

미리 제제에게 수없이 이야기해 주었지만 사실 알아들었을 리 없으니까. 깜깜하고 시끄럽고, 낯선 냄새가 가득한 화물칸에서 제제는 무슨 생각을 할까. 비행기에서 나는 내내 내 발밑 어딘가에 있을 제제와 대화를 시도했다.

한국 집에서 출발한 지 스무 시간 만에 바르셀로나에 도착했고, 부친 짐이 다 나왔는데 제제는 보이지 않는다. 사람들이 다 빠져나간 어둑어둑하고 낯선 공항에서 우리는 여기저기로 제제를 찾아다녔다. 어디로 나오는 건지 도무지 알 수가 없다. 경유지에서 비행기를 갈아타지 못한 건 아닐까, 무슨 일이 생긴 건 아닐까, 불길한 생각이 자꾸 들었지만 차마 입 밖으로 꺼내지는 않았다. 콩닥거리는 심장 소리가 서로에게 들릴세라 애써 차분한 표정으로 공항을 이리저리 뛰어다녔다.

그때 공항 저쪽 어둠 속에서 '야옹' 소리가 들리는 것 같았다. 후다닥 그쪽으로 달려가니 직원이 제제의 케이지를 실은 카트를 끌고 나온다. "야옹야옹" 제제 목소리라는 걸 확인하자마자 나는 그만 안도감에 엉엉 울어버렸다. "미 갸토… 베인테 오라스(내 고양이 스무 시간)… 엉엉엉" 하고 울면서 더듬더듬 스페인어로 말하자 아까부터 우리가 이리 뛰고 저리 뛰는 걸 지켜보던 공항 직원들이 다 같이 그렁그렁 울 것 같은 눈으로 웃는다. 제제는 우리를 보자마자 더 소리를 높여 야옹거렸는데, 이때 야옹은 분명 '욕'이었을 거라고 확신한다. "야옹!"

출국장에서 기다리던 동생과 만나 택시를 탔다.

"고양이 데리고 택시 타도 괜찮을까?"

"여기는 그런 거 신경 안 써."

그제야 바르셀로나에 온 것이 실감 난다.

스무 시간 넘게 케이지에 갇혀 있던 제제는 숙소에 도착하자마자 태연하게 밥을 먹고 물을 마시고 똥을 쌌다. 와락 안심이 된다. 제제가 제일 먼저 바르셀로나에 적응했다. 이제 아무 걱정이 없다. 우리야 뭐, 천천히 적응하면 될 일이다.

02

바르셀로나에 우리 집이 생겼다

우리가 구한 집은 구시가지 좁은 골목에 위치한 오래된 건물의 2층. 지은 지 수백 년 넘은 건물이라는데, 예전에는 성이었다는 이야기도 있다. 스페인에서 2층segundo은 한국식으로 따지면 4층 높이. 총 6층짜리 건물인데 골목 맞은편 건물이 너무 가깝게 붙어 있어 햇살은 하루 중 아주 잠깐 든다. 집의 한쪽 면 대부분이 테라스와 창문인데도 그렇다. 방 안으로 빛이 드는 시간은 점심 무렵, 손바닥 두 개 정도 면적밖에 되지 않는다. 좁은 테라스는 한 명이 서면 꽉 찰 정도로 위태로워서 고소공포증이 있는 나는 잠깐도 서 있기가 어렵다. 게다가 맞은편 건물 테라스는 손만 뻗으면 닿을 듯 가깝다. 처음 이사한 날, 나는 앞집 테라스에 있던 철제 사다리가 몹시 의심스러웠다.

"저 사다리를 펴면 우리 집 테라스까지 충분히 닿을 거 같은데, 괜찮을까?"

오래된 나무문이라 문을 잠가도 밖에서 힘주어 밀면 금방 열릴 것이 분명한데, 저 집에 사는 사람을 믿어도 될까. 며칠 내내 그 집 거실에 있는 커다란 텔레비전이 늘 애니메이션 채널에 맞춰져 있는 걸 지켜보고서야 마음이 놓였는데, 동시에, 우리 쪽에서 저 집 텔레비전 화면이 다 보일 정도라면 저 집에선 대체 우리 집이 어디까지 보이는 건지 불안해져 당장 창문에 붙일 포스터를 샀다.

바르셀로나의 임대는 대부분 월세 개념이다. 보통 두세 달 치 월세를 보증금으로 걸고, 한 달에 한 번씩 임대료를 낸다. 나중에 집을 정리할 때는 부동산에서 와서 집 상태를 확인하고 보증금을 돌려줄시 말시 결정한다. 벽의 작은 얼룩 같은 걸로도 트집 잡힐 수 있어서 보통 한 달

치 정도는 못 받는 셈 쳐야 한다는데 심지어 우리 집은 대부분의 가구가 갖춰져 있는 상태. 보증금을 최대한 돌려받으려면 가구와 집기 상태를 그대로 잘 보존해야 한다.

소파, 침대, 수납장 등 원래 있던 가구를 그대로 쓰기로 하고, 자잘한 짐은 박스에 넣어 침대 아래에 잘 넣어두었다. 짐을 늘리고 싶지 않았지만, 책상은 필요할 것 같아서 이케아 걸로 하나 장만해 거실에 두었다. 책상 한쪽에는 남편 데스크톱을 두고, 남은 공간은 식탁으로 쓰게 될 것 같다.

집 열쇠는 두 개. 바르셀로나는 디지털 도어록을 쓰는 집이 거의 없어서 항상 1층 현관 열쇠와 우리 집 열쇠 두 개씩을 들고 다녀야 한다. 그런데 문을 닫는 순간 자동으로 잠기기 때문에 열쇠를 깜빡 집에 두고 나오면 난감한 상황이 생길 수 있다. 열쇠 수리공을 부르면 10만 원 넘는 돈이 들고, 그나마 일요일에는 대부분 일을 하지 않아서 밖에서 자는 일도 종종 생긴다고 누군가 겁을 주었다. 그런데 또 우리 집 문은 허술한 편이라 책받침 같은 걸로 문틈을 살살 밀면 누구나 어렵지 않게 열 수 있다고 했다. 그래서 안에 있든 밖에 있든 열쇠로 한 번 더 잠가야 안전하다는 거였다. 도둑이 들 가능성보다 내가 열쇠를 두고 외출할 가능성이 높을 것 같으니, 다행인 걸로 치기로 했다.

바르셀로나 구시가지는 수천 년 전 로마 시대에 형성된 동네로 크게 보른 지구El Born, 고딕 지구El Barri Gothic, 라발 지구El Raval로 나뉘는데 우리 집은 그중 보른 지구에 위치해 있다. 보른 지구는 언젠가 한 매체에서 '세계에서 가장 섹시한 이웃이 사는 동네'에 뽑힌 곳으로, 예술가들 작업실이 많아서 골목골목을 걷다 보면 다락에서 작업한 것을 1층 매장에서 파는 작고 감각적인 공방들을 많이 만날 수 있다. 이웃들이 정말 섹시한지는 차차 알아갈 일이다.

1층 현관을 열고 나오면 바로 앞에 맛있는 햄버거 가게가 있고, 오른쪽으로 나가 왼쪽 모퉁이를 돌아 몇 걸음만 가면 바르셀로나에서 가장 맛있는 크루아상을 파는 카페가 있다. 재래시장은 걸어서 7분. 슈퍼마켓은 걸어서 3분. 5분 거리에는 바르셀로나에서 가장 큰 공원인 시우타데야 공원*Parc de la Ciutadella*이 있고, 20분 정도 걸어가면 바르셀로네타 해변*Playa de la Barceloneta*이 나온다.

나와 남편, 그리고 고양이 제제까지 우리 세 식구는 이 오래된 동네, 작고 불편하지만 근사한 유럽식 아파트에서 2년 동안 지내게 됐다. 바르셀로나에 우리 집이 생겼다. 우와, 이거 마음에 쏙 드는 문장이다.

03

내일도, 마스카포네 치즈 크루아상

바르셀로나의 우리 집에서 첫 밤을 보내고, 다음 날 아침 우리는 가벼운 옷차림으로 외출해 모퉁이만 돌아가면 있는 카페에 가서 커피와 크루아상으로 아침을 먹었다. 일단 나는 코르타도(Cortado, 보통의 카페라테보다 더 진한 맛의 스페인식 커피), 남편은 카페 콘 레체(Cafe con leche, 카페라테)를 주문했고, 그다음 크루아상을 고를 차례. 다양한 종류의 크루아상 중에 무엇을 먹을지 고민하다 '히힛' 웃음이 났다. 아무거나 먹으면 어때, 오늘 못 먹은 건 내일 먹어보면 되지. 또 내일 못 먹으면 모레 먹으면 되지. 우리는 바르셀로나에 살고 있잖아.

마스카포네 치즈가 들어간 크루아상과 초콜릿이 들어간 크루아상을 주문했다. 바르셀로나에서 크루아상이 제일 맛있다는 베이커리 '호프만HOFMANN'에서 운영하는 카페인데, 둘이 커피 두 잔과 속이 꽉찬 크루아상 두 개를 시켜도 한화로 만 원이 채 들지 않는다.

눈곱도 떼지 않은 채 테라스 테이블에 앉아 좁은 골목 건너 낡은 벽을 바라보며 달콤한 크루아상을 먹다가 바르셀로나에 오길 참 잘했다는 생각을 했다. 그릇에 떨어진 크루이상 조각을 마저 주워 먹다가, 아무래도 내일도 마스카포네 치즈 크루아상을 먹어야겠다고 생각하며, 여기서 어떤 날들을 보내게 될지 지금은 알 수 없지만 일단 매일 이 맛있는 크루아상을 먹을 수 있으니 그걸로 되었다 싶다.

04

편리함과 불편함 사이 어디쯤에서

바르셀로나에는 '응? 여기도 의자가 있어?' 싶을 만큼 벤치가 이곳 저곳에 널려 있다. 앉아서 좀 쉬고 싶다는 생각을 할 때마다 언제나 몇 걸음 안에 벤치를 발견했다. 워낙 많으니 비어 있는 벤치를 찾는 일도 쉽다. 나는 그때마다 중얼거렸다.

"뭐 이렇게 편리한 도시가 다 있대."

대접받는 기분이 들었다. 이 나라는 '사람'을 귀하게 대해주는 것 같았다. 여러 도시를 여행했지만 도시한테 이런 기분이 든 건 처음이다. 그렇지, 사람은 일하다가도 쉬고, 놀다가도 쉬고, 걷다가도 쉬어야지. 사람을 사람답게 쉬게 해주는 도시가 여기 있었구나. 황홀한 대접에 감동한 나머지 '사람다운 건 어떤 건가' 하는 거룩한 생각까지 해보며 햇볕 속에 앉아 있다가 또다시 덜컥 바르셀로나가 좋아졌다.

이곳에서 생활하며 '참 편리하다'는 생각을 자주 한다. 스스로도 좀 의외다. 와이파이가 느리고, 건물 안에만 들어가도 휴대폰이 잘 터지지 않으며, 디지털 도어록 쓰는 집을 찾기 어렵고, 엘리베이터 없는 건물도

흔하며, 보일러가 작아 샤워를 조금만 오래 하면 뜨거운 물이 끊기고, 일요일이면 시장과 슈퍼마켓이 몽땅 문을 닫는 바르셀로나가 편리하다니.

게임을 좋아하는 남편은 언제나 '광랜'을 편리함의 기준으로 삼는다. '광랜'만 있다면 산속에서든 오지 마을에서든 살 수 있다는 사람. 아, 다행히 바르셀로나에도 광랜은 깔려 있다. 여기서 민박집을 운영하는 친구가 통신사에 광랜을 신청하고 설치하는 날, 방문하신 기사님이 친구에게 했다는 질문이 전설처럼 떠돈다.

"이렇게까지 빠아아아른 인터넷으로 대체 뭐 하려고요?"

"뭐 그냥… 구글…?"

나에겐 광랜이나 LTE 같은 세상의 속도는 그다지 중요하지 않다. 게임을 할 것도 아니니 인터넷이 느리면 천천히 사용하면 될 일이고, 디지털 도어록이 아닌 열쇠를 쓰니 예쁜 열쇠고리를 살 수 있어 좋고, 일요일에 시장이 문을 닫으면 토요일에 미리 장을 보면 된다. 뜨거운 물이 길게 나오지 않으면 한 명은 밤에 한 명은 다음 날 아침에 번갈아 샤워를 하면 된다. 편리한 것에 금방 적응하는 것처럼 불편한 것에도 적응되기 마련이다. 그리고 나는 그 불편함이 꽤 마음에 든다. 몸이 적당히 불편하니 오히려 마음이 편해진다.

편리한 세상 뒤에는 누군가의 불편한 희생이 존재한다. 주말에도 출근해야 하고, 밤까지 근무해야 하며, 완벽한 편리함에 조금이라도 문제가 생기면 어느 한쪽은 고개를 숙여야 한다. 나는 주로 편리함을 누리는 쪽이었지만, 가끔은 누군가의 편리함을 위해 호된 불편함을 감수하며 애를 쓰던 순간도 있었다. 그런데 바르셀로나는 모두가 다 같이 조금씩 불편한 대신 모두가 편하다. 세상이라는 곳이 결국 불편함과 편리함이 공존해야만 돌아가는 곳이라면, 나는 누군가의 완벽한 편리함을 위해 다른 누군가가 너무 불편한 것보다는 함께 조금씩 불편하고 모두가 대체로 편한 것이 좋다. 완벽한 불편함은 적응해서는 안 되는 것이지만, 조금씩 불편한 것은 적응할 수 있는 것이니까. 그러니 이 정도 불편함은 기꺼이 감수할 수 있다. 초보 바르셀로나 생활자인 나는 이 불편함과 편리함의 균형이 몹시 마음에 들어서 가끔 심장이 저릿한다.

누군가 이번 생에 착하게 살면 다음 생에 태어날 곳을 고를 수 있게 해주겠다고 약속한다면, 나는 최선을 다해 착하게 살고, 바르셀로나를 고르겠다. 그건 맑은 하늘도, 맛있는 음식도, 여유로운 사람들 때문도 아닌 이 불편함이 주는 편안함 때문이다. 전적으로 그렇다.

성장하는 건물을 지켜보는 일

5

10여 년 전 유럽 배낭여행을 할 때, 바르셀로나에 처음 왔다. 유럽의 남서쪽 이베리아 반도에 속한 스페인은 이동하는 데 시간이 많이 걸린다는 이유로 빡빡한 유럽일주 여정에서 빠지는 경우가 많았다. 일행들과 밀라노 기차역 앞 맥도널드에 앉아 긴급회의를 했다.

"바르셀로나까지 가려면 1인당 20만 원씩은 더 있어야 해. 아무래도 무리야."

"하지만 나중에 한국에서 바르셀로나에 가려면 몇백만 원은 들 테니까 지금 다녀오는 게 낫지 않을까?"

"맞아. 우리가 언제 또 여기까지 올 수 있을지 모르잖아."

결국, 우리는 밤기차를 타고 스페인 바르셀로나로 향했다. 우리에게 주어진 시간은 단 1박 2일. 무슨 일이 있었는지 자세히 기억나지는 않는다. 다만 1월이었고 추웠던 파리나 런던에 비해 날씨가 좋아 늘 입고 다니던 두꺼운 점퍼를 벗고 니트 하나만 입고 다녔다는 것. 마트에서 큰 사이즈의 싸구려 감자칩을 사서 밥 대신 먹었다는 것. 그리고 사그라다

파밀리아(*La Sagrada Familia*, 성가족 성당)의 조각들이 아주 인상적이라 당시 들고 간 200만 화소짜리 디지털카메라로 사진을 엄청 많이 찍었다는 것. 이 세 가지 기억만이 선명하다.

한창 공사 중이던 사그라다 파밀리아에 입장했을 때, "우리 살아생전에 이 성당의 완공을 못 볼 것이다"라는 설명을 들었다.

"우와, 어떻게 성당 공사가 그렇게 오래 걸릴 수 있지?"

놀라움에 성당 구석구석을 오래도록 들여다보던 기억이 난다.

'언제 우리가 다시 바르셀로나에 오겠어' 하던 것이 무색하게 나는 이 도시에서 살게 됐다. 그리고 놀라운 소식을 접했다. 사그라다 파밀리아가 2026년에 완공이 된다는 이야기. 처음엔 믿지 않았다. 10여 년 전에 왔을 때 완공까지 100년은 더 걸린다고 했는데 갑자기 10년 안에 짓겠다니. 게다가 얼핏 봐도 아직 절반도 채 못 지은 것 같은데! 사그라다 파밀리아는 1882년 처음 공사가 시작된 성당이다. 현재까지 130년 넘는 시간 동안 공사 중인데, 총 열여덟 개 탑 중에 여덟 개만 완성되었다. 아직 열 개의 탑이 올라오지 않았다. 100년 넘게 겨우 탑 여덟 개 지었으면서 남은 몇 년 동안 나머지를 다 짓겠다고?

처음에는 믿지 않았다. 불가능한 일이라고 생각했다. 하지만 요즘 이곳 분위기로 볼 때 2026년에 완공을 기어이 할 것 같다. 2026년은 가우디 선생이 돌아가신 지 딱 100년 되는 해다. 100주년에 맞춰 사그라다 파밀리아를 완공한 후, 가우디 선생에게 '짜잔' 보여드리고 싶다는 바람. 100주년 행사와 성당 완공 행사를 한꺼번에 하고 싶다는 열망. 바르셀로나 시민들의 이런 의지로 보건대, 우리는 아마 살아생전 사그라

다 파밀리아의 완공을 목격하게 될 것 같다. 이제, 10년 남았다. 다섯 살 아이는 열다섯 살이 되고, 스물다섯 살이 서른다섯 살이 되고, 쉰다섯 살이 예순다섯 살이 되는 해.

　운이 좋게도, 나는 매일 사그라다 파밀리아에 간다. 가우디 투어의 가이드 일을 하고 있기 때문이다. 매일매일 구석구석을 들여다보고 있다. 어제까지 없었던 조각을 목격하고, 조금씩 더 높이 올라가는 탑을 지켜본다. 지루할 틈이 없다.

　성장하는 모습을 지켜보다 보면 그 대상에 애정이 생기기 마련이다. 성당이 지어지는 모습을 지켜보며 점점 나도 모르게 이 성당에 몰입하고 있다. 아니, 건물이 자라는 모습을 지켜보게 되다니. 건물을 사랑하게 되다니!

　"완공되면 그때 가서 봐야겠다."

　라고 이야기하는 사람들이 있다. 그때마다 나는

　"가능한 10년 안에, 공사가 끝나기 전에 와."

　라고 이야기하곤 한다. 시간이 많지 않다고. 몇십 년 안에 가라앉을지도 모른다는 몰디브도 아니고, 미국과 관계가 정상화되면서 급격히 변하고 있는 쿠바도 아니지만 시간이 많이 남지 않았다.

　한쪽 면은 지어진 지 100년도 더 지나 세월의 때가 탔고, 한쪽 면은 완성된 지 이제 겨우 10년 지나 무척 현대적이고, 한쪽 면은 아직 본격적으로 공사가 시작되지 않아 철근 콘크리트가 보이는 성당. 가운데로는 커다란 크레인이 우뚝 서 있는 성당. 성당 외벽을 따라 한 바퀴 크게 돌면 최소 성당 세 개쯤 본 것 같은 기분이 드는 성당. 완성되고 나서의 모습도 충분히 화려하겠지만, 완성 전의 불완전한 모습이 주는 아름다움은 지금이 아니면 볼 수 없으니까. 한번 완성되고 나면 미완성의 순간은 영원히 오지 않으니까.

성당이 완공되면 사그라다 파밀리아를 한 번쯤은 꼭 다시 찾고 싶다. 그때, 지금보다 열 살 더 나이 먹은 나는, 네가 지어지던 144년의 시간 중 몇 년간 너의 옆에 있었다고, 어느 한때 내가 너를 꼼꼼하게 지켜봤었노라고, 다 자란 성당 앞에 서서 이야기해야지. 성당이 완공되는 날 내가 어디에 있을지는 알 수 없지만 지금의 나는 이곳에 있다. 그 사실이 실감 나면, 그때마다 좋다.

6

소매치기 조심하세요

"바르셀로나 사람들 중 반은 소매치기일지도 모르겠어."

이곳에 사는 친구가 가방을 통째로 소매치기 당한 뒤 씩씩거리며 말했다. 이런 말은 정말 미안하지만, 어쩌면 진짜 그럴지도 모르겠다는 생각을 종종 한다. 그도 그럴 것이, 옆 테이블에서 멀쩡하게 커피를 마시던 사람이 어느새 내 가방을 들고 사라지기도 하고, 관광객이 찾지 않는 평범한 동네 바에서 테이블 위에 둔 휴대폰이 없어지기도 하는 곳이다. 나는 집 바로 앞에 쓰레기를 버리러 나가면서도 옷에 연결한 줄을 휴대폰과 단단히 묶고 나간다.

내가 처음 소매치기를 경험한 건 바르셀로나에 온 지 일주일도 채 되지 않은 때였다. 바르셀로나에 먼저 와 있던 친구와 카페에 앉아 밀린 수다를 떠는 중이었는데, 덩치가 큰 남자가 옆으로 다가와 "배가 고프다. 도와 달라"로 추정되는 문구를 삐뚤삐뚤한 손글씨로 쓴 종이를 내밀었다. 경계심이 발동한 우리는 "미안하지만 돈 없어요"라고 대답하며 손을 저었다. 그는 조금 기분이 나쁘다는 듯한 표정으로 카페를 나갔고, 우리는 하던 이야기를 이어 하면서도 내심 그 표정이 신경 쓰였다. 그가 나간 뒤 겨우 1~2분 지났을까, 친구의 휴대폰이 없어졌다는 걸 알았다. 카페 테이블에 무심코 두었던 휴대폰 위로 종이를 올리고, 우리가 그 사람을 경계하는 사이에 종이와 함께 휴대폰을 가져간 것. 그제야 그의 연기하듯 과장된 표정과 어색하게 축 처진 어깨가 이상했다 싶다. 바로 우리 눈앞에서 이제 막 약정이 시작된 신형 아이폰이 사라졌다.

여행 온 사촌 동생은 '자라' 매장에서 쇼핑을 하는 중에 이상하게 자기 있는 쪽에 사람들이 모여들었단다. 이 사람들 왜 이러지 하고 말았는데 그곳을 벗어나고 보니 가방 앞주머니에 따로 넣어두었던 하루 치 여행 경비가 없어졌다고 했다. 다른 친구는 동네 공원 벤치에 앉아 쉬고 있는데, 어떤 사람들이 자꾸 맥주나 마리화나를 사라고 권유하더란다. 관심 없으니 가라고 겨우 보내고 나니 휴대폰이 없어졌다 했고, 바르셀로나에서 10년 넘게 살고 있는 친구는 바지 주머니에 휴대폰을 넣고 이어폰으로 음악을 들으며 사람이 거의 없는 골목을 걷다가 갑자기 음악이 안 들려서 보니, 소매치기가 휴대폰을 들고 달아나고 있었다고 했다. 어떤 친구는 구글맵을 확인하며 거리를 걷는데 달리던 자전거가 아이폰을 낚아채 갔고, 또 다른 친구는 카페에서 잠깐 다른 일에 집중하는 사이 바로 옆에 두었던 핸드백이 통째로 없어졌다. 어떤 여행자는 호텔 로비에서 체크인을 하는 사이, 카운터 옆 캐리어 위에 둔 카메라 가방이 사라지기도 했다.

당하고 나면 다들 의심스러웠던 정황을 떠올리고 이야기한다. 하지만 막상 그 상황이 닥치면, 속수무책 당하고 만다. 그러니 바르셀로나에서는 조금이라도 이상하다 싶은 상황이 생기면 주변 사람들을 의식하기 전에 내 짐부터 챙겨야 한다. 나는 신경 쓰지 않고 마음 편하게 걷고 싶어서 지갑이랑 휴대폰에 모두 줄을 매달아 몸에 연결시키고 다닌다. 누군가 보기엔 유난스러워 보일 수도 있지만, 나는 그래도 마음이 편한 게 좋다.

바르셀로나 사람들 모두를 소매치기로 의심하는 한편, 소매치기로부터 나를 구해준 것도 사실 이곳 바르셀로나 사람들이다.

"지금 같이 엘리베이터 타는 사람 소매치기니까 지갑 확인해요."

지하철역 앞 신문 가판대 아저씨가 손짓 발짓으로 급하게 알려준 이야기.

"저 사람 소매치기였어. 너 큰일 날 뻔했어. 이 길에서 자주 보이는 자식이야."

길을 막고 시간을 물어보는 남자를 경계하며 지나치는 나를 보고 기념품 가게 청년이 건넨 말.

"저기 있는 저 여자아이 소매치기니까 조심하세요."

언젠가 버스 안에서 만난 아주머니가 서툰 영어로 빠르게 말하고 서둘러 버스에서 내리는 모습에 우리는 소매치기고 뭐고 기분이 좋아져서 한참 웃었다. 어떤 여행객은 낮에 소매치기를 당하고 우울해진 기분을 풀고자 저녁에 바에 가서 놀다가 옆 테이블 사람들과 친해졌단다. 그러다 하소연을 했다고 한다.

"아, 나 낮에 소매치기 당했잖아."

"언제? 어디서? 뭘?"

구체적으로 묻더니 어딘가로 전화를 하더란다. 한참 통화를 하고 들어오더니 하는 말.

"친구들한테 연락해봤는데 네 것은 없대."

울지도 웃지도 못할 이야기다. 고맙다고 해야 할지, 욕을 해야 할지 모르겠는 상황이다.

한 친구는 아침 일찍 거리를 걷는데, 소매치기가 달려와 손에 쥐고 있던 아이폰을 낚아채 그대로 뛰어 사라졌다고 한다. 텅 빈 거리에서 자신도 모르게 "도와주세요!"를 크게 외쳤는데 저 멀리서 스페인 남자가 다다다 달려오더니 친구를 획 지나쳐 소매치기가 사라진 방향으로 쫓아가더란다. 설마 소매치기를 잡을 거란 기대는 하지도 않은 채 다리 힘이 풀려 털썩 주저앉아 있는데, 저 멀리서 그 남자가 두 손을 번쩍 들고 의기양양하게 돌아왔단다. 한 손에 친구 아이폰을 들고.

"고마워요, 연락처 알려주세요, 꼭 답례하고 싶어요."

친구가 물어봤지만, 그는 어깨를 가볍게 으쓱하며 손을 흔들며 가던 길을 갔단다. 스포츠용품 가게에서 100유로짜리 가장 저렴한 자전거를 사고 나서 자물쇠를 저렴한 것들 중에서 고르고 있자니, 바르셀로나 사람들이 주변으로 몰려와 그거 사면 안 된다고, 더 좋은 거 사라고 말하며, "아키 바르셀로나(Aquí Barcelona, 여기 바르셀로나야)!"를 외쳤다는 이야기는 여전히 우리 사이에 회자된다. 우리는 그 후로 비슷한 상황이 생길 때마다 외친다.

"아키 바르셀로나!"

이 사람들, 내숭 같은 건 떨지 않는다. "소매치기? 우린 모르는 일이야" 하고 시치미 떼지 않는다. 솔직하게 인정하고, 도와줘야 하는 상황에선 발 벗고 도와준다. 그러니 소매치기만 당하지 않는다면, 세상에 이렇게 귀여운 사람들이 또 없다. 우리는 다행스럽게도 아직 소매치기를 당하지 않았다. 한국으로 돌아가는 날까지 무사하기를, 끝내 이곳 사람들을 귀여워만 할 수 있기를. 오늘도 지갑과 아이폰을 꽁꽁 묶고 외출을 한다.

07

제제가 사는 세상

———

고양이를 처음부터 좋아한 건 아니었다. 몇 년 전, 당시 남자친구가 고양이를 몹시 좋아했다. 데이트를 하는 중에도 '야옹' 소리가 들리면 편의점으로 뛰어가서 참치 통조림이랑 소시지 같은 것을 사왔다. 캔을 따서 고양이 근처에 가져다주고는 "옆에 있으면 경계하느라 먹지 않으니 멀리서 지켜봐야 한다"며 내 손을 뒤로 잡아끌었다. 그럴 때마다 나는 그저 멀찌감치 팔짱을 끼고 서 있었을 뿐이었다. 어두운 곳을 거니는 저 비루한 행색의 동물이 왜 좋다는 건지 잘 모르겠다고 생각했지만 입밖으로 내뱉진 않았다. 그렇게 거리의 고양이들과 함께하는 데이트를 이어가다가 그와 결혼을 했다. 반 농담으로 말했다.

"담배 끊고 2년 지나면 고양이 키우게 해줄게."

"1년 반."

"콜."

하지만 금연이 뭐 쉬운가, 설마 가능하리라고는 생각하지 않았다. 하지만 이 남자는 결혼식을 올리고 신혼여행을 가는 길, 웨딩카를 운전해준 친구와 함께 인천공항 앞에서 마지막 담배를 피우고는 기어이 금연에 성공했다.

결혼한 지 1년이 조금 넘었을 때 하얗고 작은 고양이 한 마리가 우리 집에 왔다. 서울 마장동 빌라 지하 주차장에서 구조된 고양이. 동네에 아무리 전단지를 붙여도 주인이 나타나지 않았다고 했다. 구조한 지인이 직접 키우려고 했지만, 낯선 고양이를 집에 들이자 원래 함께 살던 늙은 고양이가 스트레스를 많이 받아 여기저기 아파서 어쩔 수 없이 다른 집으로 보내야 하는 상황이라고도 했다. 약속한 1년 반을 채우지 못한 때였지만, 남편이 메신저로 자꾸만 부내는 아기 고양이 사진을 보다가 그 미모에 무릎을 꿇고 그만 '오케이'를 해버렸다. 그렇게 제제라는 이름의 하얀 고양이가 우리에게 왔다.

제제는 마장동에서 경기도 용인의 우리 집까지 오는 동안 내 무릎 위에서 쉬지 않고 울었다. 겨우 2kg 남짓한 작은 고양이의 무게가 200kg보다 더 큰 무게감으로 느껴지는데, 덜컥 겁이 났다. '내가 무슨 짓을 한 거지.' 심장이 쿵쿵거렸다. 이제 무를 수도 없고 어쩌지. 울고 있던 제제보다 실은 내가 더 크게 울고 싶었는지도 모르겠다.

제제와 살면서 일상에 크고 작은 변화들이 생겼다. 사람만 살던 집에서 고양이가 함께 사는 일은 쉬운 일이 아니었다. 베란다 작은 텃밭을 파헤쳐 오줌을 쌌고, 밤새 음식물 쓰레기통을 뒤집어 놓았으며, 외출한 사이 서랍의 비닐을 모두 꺼내 집에 흩어 놓았다. 걸음걸음 따라다니며 깨무는 바람에 팔과 다리에 생긴 작은 상처들이 아물 새가 없었다. 출근하고 퇴근하는 것만으로도 지치고 바쁜 일상인데, 끝없이 말썽을 부리는 제제 때문에 하루가 더 버거워 아무것도 모르는 제제를 붙들고 운 적도 있다.

그때마다, 이 모든 건 네가 선택한 것이 아니고 우리가 선택한 것이니 우리가 너에게 맞추겠다고 생각했다. 그렇게 생각하니 많은 부분을 조금 쉽게 포기할 수 있었고 일상이 한결 수월해졌다. 그렇게 집은 점점 고양이가 살기 좋은 공간으로 바뀌었다. 베란다의 화분을 모두 처분했고, 더 튼튼한 쓰레기통을 샀다. 내가 제제에게 적응한 만큼 제제도 나와 우리 집에 적응해갔다. 우리는 조금씩 천천히 친해졌다. 함께 잘 지냈고, 제제는 대체로 행복해 보였다.

용인 집에서 제주도로 이사를 했다. 이사하고 며칠이 지난 어느 날, 아침에 일어났는데 제제가 좁은 창틀 위에 올라가 밖을 내다보고 있었다. '아, 바다!' 제제는 그때 태어나서 처음으로 바다를 봤다. 그때부터 바다 쪽으로 난 창문 아래에 테이블을 하나 가져다 두었다. 그리고 그 뒤로 우리는 종종 나란히 그 창문으로 바다를 바라봤다. 제주도로 이사오길 참 잘했구나. 나는 바다를 보는 제제의 부드러운 이마를 쓰다듬으며 중얼거렸다. 제제의 세상이 한 뼘 더 넓어졌다.

바르셀로나 우리 집은 한국에서 살던 아파트보다 훨씬 작다. 거의 1/4 크기도 되지 않는다. 제제가 뛰어다닐 공간이 거의 없어서 예전처럼 껑충껑충 놀기가 어렵다. 빛도 하루에 잠깐 들어온다. 그나마 빛이 좀 들어오는 테라스 문을 열어줄까 싶었는데 낡고 허술한 난간 때문에 혹시나 위험한 일이 생길까 싶어 문을 열어둘 수가 없다. 창문만 겨우 열어줬지만 거기서 보이는 거라고는 앞집 테라스뿐. 제제에게 미안하다는 생각이 자꾸만 들었다.

고양이에게는 언제나 어떤 상황에서도 자기만의 장소를 찾아내는 능력이 있다. 이 열악한 공간에서 제제가 찾아낸 곳은 중정이 내려다보이는 침실 창가. 바르셀로나는 대부분의 건물에 '중정' 즉, 중앙 정원이 있다. 건물들이 다닥다닥 붙어 있기 때문에 채광과 환기를 주로 중정을 통해 하는데, 우리 건물은 다른 건물보다 유난히 커다란 중정을 가지고 있어 디귿자로 복도가 길게 이어지고 한 층에 여덟 세대의 집이 있다.

"너네 집에 하얀 고양이 있지? 나 봤어."

"고양이 엄청 예쁘더라. 이름이 뭐야?"

언제부턴가 건물 사람들이 아는 체를 해주었다. 우리가 집에 없을 때 제제는 창가에 앉아서 밖을 내다보며 시간을 보냈고, 그러면서 사람들과 친해진 것 같았다. 그중에는 우리가 마주친 적 없는 사람도 있을 것이다. 바르셀로나에 와서 우리가 모르는 제제의 사생활이 생겼다.

우리 건물 관리인 후안 아저씨는 아침이면 건물을 구석구석 꼼꼼하게 청소한다. 제제는 아저씨가 청소하는 소리가 들리면 언제나 창가로 달려가서 "야옹야옹" 인사를 한다. 그때마다 후안도 창가로 가까이 와 제제에게 인사를 했다. 제제에게 생긴 첫 번째 바르셀로나 친구 후안.

어느 날 충동적으로 "제제야, 아저씨랑 인사할래?" 하며 현관문을 열어주었다. 후다닥 달려나간 제제는, 그다음 날도 다다음 날도, 계속 계속 아저씨만 오면 문을 열어달라고 야옹거린다. 후안은 청소를 하다 제제가 고개를 내밀면 청소 도구를 이용해 놀아준다. 제제는 빗자루를 사냥감으로 삼고 숨었다 뛰었다 야단이다. "제제야, 아저씨 청소하시는데 방해하면 안 돼." 괜한 이야기를 해보지만, 후안은 늘 제제와 노는 걸 진심으로 즐거워하는 것 같다. 어느 날은 불쑥 제제 방석을 선물하기도 했다. 비록 제제는 그 방석에 한 번도 올라가지 않았지만, 후안에게는 제제가 늘 거기서만 잔다고 인사를 전했다.

위층에 사는 아저씨는 복도를 산책하는 제제를 보면서도 늘 무관심하게 눈길 한 번 주지 않고 성큼성큼 걸어 집으로 들어가 버리곤 하신다. 고양이가 밖에 나와 있는 게 마음에 안 들 수도 있겠다 싶어 신경이 쓰였는데 어느 날 귀갓길에 엘리베이터를 타고 우리 층에 내리더니 "너네 고양이 세계에서 제일 예쁨"이라고 시크하게 한 말씀 던지시곤, 집으로 성큼 올라가셨다. 아, 세상에, 아저씨 고마워요.

아침에 한 번, 오후에 한 번 꼬박꼬박 제제는 우리와 함께 복도 산책을 한다. 천장이 뚫려 있어 파란 하늘이 그대로 보이고, 지나가는 새도 보인다. 옥상에 널린 빨래가 바람에 펄럭이는 것도 보인다. 그러다 운이 좋으면 산책 나가는 다른 집에 사는 강아지들하고 인사를 나누기도 한다.

"제제야, 하늘 봐봐. 오늘도 바르셀로나 하늘은 무지 파랗다. 그치?"

사랑하는 상대와 아름다운 걸 같이 보는 건 참 좋은 일이다. 복도 산책을 하다 보면 늘 제제보다 내가 먼저 지겨워지곤 하는데, 제제를 들쳐업고 그만 집으로 들어오려다가도 제제가 하늘을 쳐다보는 것 같으면 들어올 수가 없다. 집 안에서는 하늘이 보이지 않으니까.

복도에 나갔다 들어오면 하얀 제제의 발이 새까매진다. 먼지가 잔뜩 묻은 발로 곧장 침대 위도 올라오고 옷장에도 들어가지만, 나는 제제의 까만 발을 좋아한다. 복도 대모험을 끝내고 돌아온 제제의 발은, 더운 여름 날 차가운 계곡물 속으로 걸어 들어가는 나의 맨발 같기도 하고, 먼 길 떠나는 우리의 배낭 같기도 하다. 한 발자국 넓어진 제제의 세상 같아서 나는 그 까만 발이 좋다.

08

"올라"와 "아 디", 인사를 나눠요

바르셀로나를 찾는 여행객들에게 잊지 않고 당부하는 이야기.

"가게에 들어가면 먼저 '올라(Hola, 안녕하세요)' 인사를 해보세요."

한국에서는 상점에 들어갈 때 인사 나누는 게 익숙하지 않았다. 둘러보고 나올 때도 점원의 "안녕히 가세요" 인사를 뒤로하고 슬쩍 나오는 일에 익숙했다. 하지만 이곳 사람들은 상점에 들어가며 꼭 "올라" 하고 가볍게 인사를 한다. 그러면 점원이나 주인장도 "올라"라고 똑같이 인사를 건넨다. 그 순간 상점의 공기가 바뀐다. 인사를 건넸다고 해서 가까이 다가와 "이 옷이 어울린다", "입어봐라" 말을 걸지 않으니 긴장할 필요는 없다. 필요한 것 있는지 가볍게 묻고는 혼자 둘러보도록 내버려둔다. 한참 구경하다 그냥 나와도 눈총 주는 일은 거의 없다.

가우디의 건축물들을 감상하고, 몬주익 언덕에 오르고, 바르셀로네타 해변에 앉아 반짝거리는 바다를 바라보고, 구시가지 좁은 골목을 걷는 것이 바르셀로나를 여행하는 가장 큰 이유겠지만, 그것들은 사실 여행 전에 충분히 예상할 수 있는 것일지도 모른다. 하지만 "올라" 뒤에

따라오는 친근한 공기는, 직접 와보기 전에는 절대 알 수 없다. 그 나라 땅을 딛고 그곳의 언어로 가볍게 인사를 나눌 때 나는 '아, 내가 여행 중이구나' 혹은 '내가 여기에 살고 있구나'를 체감한다. 그때 여행이 비로소 내 것이 되고, 이 도시가 내 것이 된다.

가게를 나설 때는 "그라시아스(Gracias, 감사합니다)" 혹은 "차오(Chao, 안녕)"라고 인사를 하면 된다. '올라'와 '그라시아스' 두 단어를 자주 밖으로 꺼내 이야기하는 것만으로도 바르셀로나 여행이 조금 더 재미있어질 것이다. 점원과 눈을 마주치고 "올라!" 하다가 갑자기 알게 된다. 나는 바르셀로나를 여행 중이구나. 이곳에 자연스럽게 들어와 있구나. 게다가 한국 사람들의 스페인어 발음은 탁월한 편이다. 자신 있게 내뱉으면 거의 정확하다. 그러니 쑥스러워하지 말고 소리 내어 말하자.

'올라'가 스페인과 친해지게 만드는 마법의 인사라면, '아 띠(A Ti, 나도)'는 스페인이 먼저 나에게 툭 건네는 친근한 인사. '아'는 가볍고 짧게 '띠'는 발랄하게 끝을 높여서 말하는 '아 띠'는 내가 스페인어 중에 가장 좋아하는 말이다. 보통 가게에서 계산을 하며 "그라시아스" 하면 점원이 "아 띠" 하고 대답한다. '나도 너에게 고마워' 정도의 의미. 밝은 표정으로 눈을 마주치며 외치는 이 말을 들으면 어김없이 기분이 경쾌해진다. 너와 내가 한 줄에 서 있는 기분.

영어권에서 "땡큐"라고 말하면 "유 아 웰컴"이라고 답하는 것과 마찬가지로 스페인어를 할 때는 "그라시아스"라고 하면 "데 나다"라고 말하라고 배웠다. '아니야, 괜찮아'라는 말이다. 데 나다, 데 나다, 열심히 외웠다. 그런데 바르셀로나에 와보니 '데 나다'보다는 '아 띠'를 훨씬 많이 쓴다. '천만에요' 대신에 '나도'라고 말하는 사람들.

"아 띠" 하는 순간에 우리는 잠깐 친구가 된다. 찰나의 교감. 묘한 친밀감을 주고받는 그 순간 또 한 번 바뀌는 공기를 정말 좋아한다. 그래서 나는 '아 띠'가 바르셀로나 사람들을 가장 잘 표현하는 말인 것 같다. 상대가 "아 띠"라고 말하는 순간, 그 사람과 눈을 마주치고 우리는 함께 싱긋 웃는다. 아띠와 싱긋, 좋은 짝이다.

스페인어 말고
카탈루냐어를 쓴다구요?

언젠가 집 근처 서점에서 《카탈루냐》라는 책을 뽑아 든 적이 있다. 표지 정중앙에 또박또박 정자로 쓰여진 《CATALUÑA》라는 제목이 마음에 들어 몇 번인가 눈여겨봤던 책이었다. 몇 장을 넘기며 훑어보고 있는데 옆에 있던 노인 한 분이 이쪽에 시선을 두는 것이 느껴진다. 노인은 스페인어로 가볍게 인사를 던지더니 내가 알아듣는 기색을 보이자, 한 걸음 가까이 다가와 천천히 그리고 힘주어 이야기했다.

"네가 있는 이곳은 스페인이 아니라 카탈루냐야. 그리고 나는 스페인 사람이 아니라 카탈루냐 사람이야. 네가 보고 있는 사진은 스페인이 아니라 카탈루냐의 사그라다 파밀리아지. 네가 여기 살고 있다면, 그 책은 네가 꼭 읽어봐야 하는 책이야."

바르셀로나 사람들에게 "너 어디 사람이야?"라고 물을 때 스페인 사람이라는 대답이 돌아오는 경우는 생각보다 드물다. 대부분 스스로를 카탈루냐 사람이라 말한다. 스페인 자치지방 중 하나인 이곳 카탈루냐는 독자적이면서도 강인한 지역색을 지닌 곳인데, 국가에 대한 소속감이 거의 없으며 도리어 스페인에 대한 저항심, 때로는 적개심까지 빗발친다. 사실 투우나 플라멩코 같은 스페인을 대표하는 많은 문화적 특질들은 카탈루냐와 큰 관계가 없으며, 이 지역은 보다 개성적이면서도 타 지방과 확연히 구분되는 자신들만의 문화를 가지고 있다.

우선 언어만 해도 스페인어보다 이 지역 언어인 카탈루냐어가 훨씬 더 광범위하게 사용되고, 아이들은 태어나서 스페인어보다 카탈루냐어를 먼저 배운다. 두 언어는 닮은 구석이 있긴 하지만 명백히 분리된 다른 언어인데, 이곳의 공식 행사는 대부분 카탈루냐어로 진행되고, 관공서의 서류나 지하철역, 버스 정거장 이름도 카탈루냐어가 스페인어보다 앞서 표기되어 있다. 또 정말로 많은 집이 테라스에 스페인 국기가 아닌 카탈루냐 주기 혹은 카탈루냐의 독립기를 내걸고 있다. 노란색 바탕에 빨간 선 네 줄이 들어간 카탈루냐 주기는 '나는 스페인 사람이 아니라 카탈루냐 사람'이라는 의미로 해석할 수 있으며, 카탈루냐 주기에 파란 삼각형, 그리고 하얀 별이 하나 들어간 카탈루냐 독립기는 스페인으로부터의 분리 독립을 원하는 카탈루냐 사람들의 목소리를 대변한다.

스페인과 카탈루냐의 갈등이 가장 표면적으로 노출되는 경우는 바로 스포츠다. 2002년 한·일 월드컵, 우리나라와 스페인이 8강에서 맞붙었을 때 상당수의 카탈루냐 사람들이 스페인이 아니라 우리나라를 응원했다고 하는데, 나는 처음에 이 이야기를 차마 믿지 못했다. 그러나 바르셀로나에 머물며 카탈루냐 사람들을 마주하면 마주할수록 이제는 그러고도 남았을 사람들이라는 생각이 든다. 그보다 10년 앞선 1992년에는 바르셀로나에서 올림픽이 열렸는데, 수도인 마드리드도 올림픽 개최 이력이 없었지만 당시 사마란치 IOC 위원장이 자신의 고향인 카탈루냐에서의 개최를 강력히 희망한 결과라고 한다. 더군다나 바르셀로나 올림픽은 스페인어와 함께 카탈루냐어가 동등한 지위의 공식 언어로 사용됨에 따라 마드리드 사람들에게 빈축의 대상이 되기도 한다. 그리고 그로부터 2년 뒤에 마드리드는 이에 대한 소심한 복수를 실행한다. 스페인 축구협회가 1994년 미국 월드컵 국가대표팀 선발 과정에서 카탈루냐 선수들을 모두 탈락시킨 것이다. 결국 마드리드 선수들 위주로 구성된 반쪽짜리 국가대표팀이 출전하게 됐고, 재미있는 점은 우리나라 국가대표팀이 월드컵 본선에서 이 팀을 만나 2-2로 극적인 동점을 거두면서 월드컵 최초의 원정 승점을 따내기도 한다.

갈등은 역사가 깊다. 스페인 건국과 동시에 시작되었다고도 하는데, 본격적인 발화는 18세기 초의 왕위 계승 전쟁이다. 스페인의 왕위 계승 문제가 유럽 열강들의 힘싸움으로 번졌던 이 전쟁은 1714년 9월 11일 바르셀로나가 마드리드 연합군에게 무력으로 점령당하면서 마무리되고, 이 패배로 인해 카탈루냐는 이전까지 누렸던 자치적 권한을 거의 상실하게 된다. 관점에 따라 다르겠지만

카탈루냐 사람들에게 이날은 힘의 논리에 의해 주권을 빼앗긴 수치스러운 날이며, 자존감이 돌이킬 수 없을 만큼 상처 입은 날로 기억된다. 20세기 초 또 다른 갈등이 불거진다. 당시 어지럽고 혼잡한 정치·경제 상황에서 스페인은 최초로 진보 정당이 집권하게 되는데, 선거 결과에 불복한 극우파 장군 프랑코가 1936년 쿠데타를 일으켜 스페인 내전이 발발하게 된다. 당시의 바르셀로나는 진보적 성향이 강한 도시였고, 내전을 일으킨 프랑코와 끝까지 맞서 싸웠으나 결국 프랑코는 정권을 탈취하고 이후 이어진 오랜 독재 기간 동안 자신에게 대항했던 카탈루냐를 강하게 억압한다. 당시 카탈루냐 사람들은 중앙 공직에 오르지 못할 만큼 차별 받았고, 카탈루냐어를 사용하지 못하게 한다거나 카탈루냐 주기의 사용 자체가 금지되는 등 공공연히 카탈루냐 억압 정책이 행해진다. 그 힘겨웠던 시기에 자신들의 언어를 마음껏 사용하고 자신들의 국기를 자유롭게 흔드는 것이 유일하게 허용된 곳이 바로 캄프누Camp Nou, FC바르셀로나(바르샤)의 홈구장이었다. 그렇기 때문에 아직까지도 바르셀로나에서 캄프누는 단순한 축구 경기장이 아닌, 카탈루냐의 상징이자 독립과 저항의 메카로 기능한다.

엘 클라시코El Clásico, 전 세계에서 가장 유명한 더비이자, 가장 높은 시청률을 자랑하는 스포츠 경기인 엘 클라시코에는 카탈루냐와 마드리드의 갈등 관계가 그대로 투영되어 있다. 레알 마드리드는 거의 모든 부분에서 바르샤와 완전한 대칭점에 있는 구단이다. 프랑코의 집권 기간 중 억압받기는커녕 크게 성장했고, 늘 반항아처럼 여겨졌던 바르샤와는 달리 황실, 귀족이라는 의미의 '레알'이라는 단어를 왕실로부터 직접 수여받았다. 바르샤에게 레알은 정권의 노골적인 비호를 통해 성장한 비겁한 클럽이고, 레알에게 바르샤는-사실 바르샤가 레알을 의식하는 것만큼 레알이 바르샤를 의식하는 것 같지는 않긴 하지만-축구만 잘하는 촌놈이면서 스페인의 통합을 망치는 주범이다.

바르셀로나에서 살면서 딱 한 번 엘 클라시코를 직접 관람한 적이 있는데, 경기 내내 느껴지던 그 긴장감은 캄프누에서 치르는 다른 어떤 경기와도 절대로 비교할 수 없는 수준이었다. 바르샤의 서포터들이 극성스럽다는 인식이 있지만, 사실 대부분의 경기에서는 무난하고 평범한 수준이다. 기대했던 것보다 심심하고, 걱정했던 것보다 얌전하다. 그러나 이날만큼은 완전히 달랐다. 관객들은 경기에 완전히 몰입했고, 선수들의 몸짓 하나하나에 격렬하게 반응했다. 별것 아닌 패스에도 박수가, 사소한 몸싸움에도 욕설이 쏟아졌다. 메시와 함께 축구계 양대 팬덤의 한 축을 이루는 호날두라 할지라도, 바르셀로나에서만큼은 민망할 정도로 악역 취급을 받았다. 그야말로 숨만 쉬어도 야유가 쏟아졌다.

첫 골의 환호성은 그야말로 굉장했다. 오랜 기다림이 해소된 순간처럼 모두가 바르샤와 선수 이름을 소리 높여 외치는데 그 격한 감정에 나 또한 동화되어 온몸에 소름이 돋았다. 반면 레알의 골 순간에는, 그야말로 아무 일도 일어나지 않은 듯 정적이 흘렀다. 그리고 전반전 17분 14초, 언제나처럼 캄프누에 "인데펜덴시아(Independencia, 독립)"가 외쳐졌다. 캄프누에서 진행되는 모든 경기는 전반전 17분 14초에 인데펜덴시아를 외치는 묵계가 있다. 1714년, 마드리드에게 패배한 그해를 잊지 않기 위함이다. 특별한 신호가 전혀 없음에도, 그 시간이 되면 수많은 서포터가 주머니에서 주섬주섬 카탈루냐 독립기를 꺼내고 힘차게 독립을 외치기 시작한다. 그 목소리는 늘 엄숙하고 진지하다. 마드리드를 상대한 그날에는, 유독 더 크게 더 오래 독립의 목소리가 울려 퍼졌다. 이는 전 세계 5억 명의 시청자를 향한 외침이기도 하고, 그들의 상처 입은 역사에 대한 위로이기도 하다.

그날의 경기는 결국 1-2로 역전패를 당했다. 역전골을 넣은 선수가 골 세리머니를 했을 때 경기장은 숨죽은 듯이 고요했다. 바르샤 팬들의 감정이 격해지는 건 승리의 순간이지 패배의 순간이 아니다. 이겼을 때의 환호는 새벽이 올 때까지 도시의 밤을 수놓지만, 패배했다고 해서 격하게 분노하거나 난동을 피우는 것은 거의 보지 못했다. 대신 굉장히 침울해지며, 약간 '삐친다'는 인상을 받곤 했다. 이날의 삐침은 이틀 정도 이어졌던 것 같다. 그 이틀 동안 도시가 평소보다 유난히 조용했고, 하얀 유니폼을 입은 관광객들은 뜻 모를 눈총을 받았다.

바와 하늘과 파도,

바르*BAR*

셀*CEL*

오나*ONA*

2

09

바르셀로나의 여름

바르셀로나에 여름이 왔다. 많은 사람들은 스페인의 여름이라고 하면 엄청난 무더위를 예상하는데, 사실 그 무더위는 스페인 남부와 내륙지방에 한정된다. 실제로 세비야*Sevilla* 같은 곳은 8월이면 거의 섭씨 40도를 넘나들기 때문에 뜨거운 태양을 견디기가 어려워 낮에는 거의 움직일 수가 없다. 한여름에 여행을 갔을 때, 낮 동안은 에어컨 빵빵한 숙소에 누워 있다가 해가 진 뒤에야 외출을 하곤 했다. 끼니는 스타벅스 프라푸치노로 대부분 때웠다.

하지만 스페인 북쪽에 위치해 있고, 해변을 끼고 있는 바르셀로나는 좀 다르다. 아무리 더운 날도 30도 초반에 머무는 경우가 많다. 게다가 습도도 한국보다 낮아, 한여름도 견딜 만하다. 다만 여름 동안 거의 비가 오지 않고, 구름 한 점 없는 쾌청한 날씨가 이어지기 때문에 햇살은 한국보다 훨씬 세다. 땡볕 아래를 걷다 보면 "와 정말 덥다!"는 말이 절로 나오는데, 그러다 그늘 아래로 들어가면 "어, 시원하네!"라는 말을

나도 모르게 내뱉게 되는 곳이 바르셀로나다. 그러니 그늘만 찾아다니면 바르셀로나의 여름은 가볍게 날 수 있다. 더군다나 바르셀로나에는 거리에 나무가 많고, 나무 그늘 아래마다 어김없이 벤치가 있다.

바르셀로나 여름 여행의 최고 좋은 점은 해가 늦게 진다는 점이다. 거의 밤 10시까지도 날이 훤하기 때문에 하루를 길게 쓸 수 있다. 이곳 사람들은 여름이면 저녁에 퇴근을 하고도 바다에 몸을 던진다. 하지만 특히 8월 한여름 여행에는 치명적인 단점이 하나 있다. 많은 가게들이 긴 여름휴가를 간다는 점. 한국인들이 많이 찾는 추러스 가게 '추레리아 *Xurreria*'는 8월 중순에 열흘 정도 휴가를 갔다. 스페인에서는 굉장히 짧은 휴가에 속한다. 바르셀로나에서 가장 맛있는 크루아상을 파는 '호프만'은 매년 8월 한 달 내내 문을 닫는다. 한국인들이 많이 찾는 타파스 바 '키멧키멧*Quimet&Quimet*'도 여름이면 한 달 통째로 문을 닫고, 갈 때마다 줄이 길게 서 있는 아이스크림 집 '고체 디 라테*Gocce di Latte*' 역시 여름과 겨울 한 달씩 문을 닫는다. 그러니 한여름에 바르셀로나를 찾는다면 허탕 칠 각오쯤은 해야 한다. 관광객을 상대로 장사하는 상점뿐 아니라 동네 평범한 가게들도 간단한 안내문만 붙여둔 채 휴가를 떠난다. 자주 가던 샌드위치 집도, 늘 계란을 사던 가게도, 가끔은 마트까지 한 달 내내 운영을 하지 않는 경우가 있다. 가장 유명한 재래시장인 보케리아 시장*Mercat de la Boqueria* 역시 중간중간 상점이 문을 닫아 아쉽게도 볼거리가 줄어든다.

바르셀로나는 현지인보다 관광객의 수가 더 많다고 할 정도로 사람들이 많이 찾는 도시이고, 8월은 이곳도 여느 관광지처럼 극성수기. 그럼에도 이 시기에 가게들은 과감하게 문을 닫는다. 처음에는 그 사실이 신기하고 놀라웠다. '한 달이나 문을 닫으면 매출 타격이 상당할 텐데. 그것도 이렇게 관광객이 많은 시기에…' 하고 지극히 한국 사고방식의 걱정을 하기도 했다. 하지만 이들에게 여름휴가는 당연한 일이다. 당연한 일이기 때문에 매출을 따지며 고민할 필요도 없다. 단골 카페가 긴 여름휴가를 시작하기 전날, 그 카페에 가서 커피를 마셨다. 늘 눈인사를 나누는 점원에게 "내일부터 휴가?"라는 말을 꺼내자마자 그 얼굴에 환하게 미소가 번진다. 한 달 동안 이곳 커피를 마시지 못한다는 점은 매우 아쉽지만, 그 점원의 미소를 보고 나도 따라 웃으며, 그런 것쯤 대수롭지 않다 싶다. 마주보고 외쳤다.

"좋은 여름 보내*Buen Verano*!"

바르셀로나의 8월. 당장 아침 먹을 빵집을 새로 찾아야 하고, 단골 카페를 바꿔야 하며, 계란을 좀 더 멀리 있는 마트에서 사야 하지만, 그래도 좋다. '여름'이라는 이름이 주는 나른하고 동시에 활기찬 기운과 딱 어울리는, 진짜 여름이 왔다.

18

그라시아 축제와 바흐셀로나

언제 여행을 오더라도 바르셀로나에서는 축제를 즐길 수 있다. 1년 365일 중에 366일이 축제 중이라고 해도 될 정도다. 음악 축제, 책 축제, 타파스 축제… 축제 하나가 끝났나 싶으면 곧이어 다른 축제가 시작된다. 무대를 세우고, 천막을 치고, 음악을 연주하고, 춤을 춘다. 새로운 축제가 시작되기 전에 가로등마다 안내 현수막이 걸리고 벽에는 포스터가 붙는데, 그때그때 바뀌는 포스터를 구경하는 재미도 쏠쏠하다. 아직 스페인어에 능숙하지 않기 때문에 포스터에 써 있는 상세 설명보다 로고나 디자인이 먼저 눈에 들어오고, 포스터 디자인이 마음에 드는 축제는 정보를 일부러 찾아본다. 그러다 마음에 들면 축제에 참여하기도 하는데, 참여라는 게 대단한 건 아니다. 대부분의 축제는 바르셀로나 시내, 즉 집에서 멀지 않은 곳에서 열리기 때문에 지나가다 가볍게 들르면 그만이다.

아예 동네가 주축이 되는 축제들도 많다. 우리나라로 치면 '구'나 '동'에서 여는 셈이고 그중에서도 '그라시아 축제*Festa Major de Gràcia*'가 가장 화려하다고 했다. 그라시아 지구 내 골목 스무 곳 정도를 미리 정한 테마에 따라 꾸미는데 그 모습이 볼 만하단다. 바르셀로나에 오래 산 친구는 여기까지 설명하더니 곧장 덧붙였다.

"밤에도 거리에서 생맥주를 마실 수 있지."

바르셀로나는 밤 11시 이후 술집을 제외한 마트 등 가게에서 술 판매가 금지되어 있다. 그러니 그라시아 축제는 애주가들에게 다른 의미로 특별한 기회이기도 하다. 화려하게 장식된 거리에서 생맥주를 파는 그라시아 축제라니. 요란한 음악과 젊음, 청춘 같은 단어가 떠올랐다.

축제가 열리는 그라시아 지구는 바르셀로나 중심가에서 조금 벗어난 위치의 동네다. 관광객들이 거의 찾지 않는 곳인데, 소박한 골목 구석구석에 예쁜 카페나 작은 상점들이 콕콕 박혀 있다. 중심가에 비해 집세가 저렴하면서도 살기 좋은 동네라 형편이 넉넉하지 않은 유학생들이 바르셀로나에 오면 처음 자리를 잡는 곳이라고 한다.

같이 간 친구는 발걸음을 멈추더니 눈을 반짝거린다.

"저기, 2층 오른쪽 창문 보여? 꽃 있는 저기, 내가 처음 살았던 방이야. 밤마다 아래층이 시끄러워서 잠을 설쳤었는데."

다른 친구는 광장 앞에 서더니 갑자기 말이 많아졌다.

"여기 바에서 친구들과 모여 밤새 술을 마시곤 했어. 그땐 돈이 없어서 맥주 한 잔 시켜놓고 밤새 앉아 있기도 했지."

그들의 추억 이야기를 들으며 천천히 골목으로 들어갔다. 그리고 첫 골목에 발을 들이자마자 알았다. 나의 섣부른 짐작과 달리 이 축제는 젊은이들만의 자리가 아니었다. 축제의 주인공은 아주 당연하게도, 그라시아 지구에 사는 남녀노소 사람들. 그럴 수밖에 없다. 골목마다 꾸며진 장식들은 양쪽 건물 벽과 창문, 테라스를 캔버스나 지지대로 삼고 있었다. 어떤 집은 아예 대문을 활짝 열어두고 축제 작업실로 쓰이고 있기도 했다. 할아버지는 집 앞 벽에 기대서 맥주를 마시고, 할머니는 춤을 추고, 아이는 거리에 펼쳐놓은 임시 테이블에 앉아서 숙제를 했다. 나는 축제를 즐기다 말고 눈으로 동네 사람들을 쫓았다. 누가 구경 온 사람이고, 누가 이 골목에 사는 사람인지는 딱 보면 알 수 있었다.

어느 광장에서는 헤비메탈이 흐르지만, 골목을 꺾어서 들어가면 기

타 공연이 한창이고, 또 다른 광장에서는 포크 음악을 배경으로 광장을 가득 메운 사람들이 줄지어 춤을 췄다. '물랑루즈', '모차르트 박물관', '사계절' 등 다양한 테마로 구성되어 있는 골목의 장식은 화려하기보다 귀여웠는데, 재료는 놀랍게도 대부분 재활용품이었다. 찢어진 우산, 페트병 뚜껑, 커피캡슐 껍데기, 휴지 심지 등을 활용해 사람이나 동물을 만들고 꽃과 나무를 만들었다. 마을 사람들은 1년에 한 번 일주일 동안 열리는 축제를 위해 거의 여덟 달을 준비한단다. 몇 달 전부터 테마를 정하고, 역할을 분담하고, 먹다 남은 음료수병 뚜껑과 다 쓴 휴지 심지를 모으는 시간들을 상상해봤다. 모여서 가위질을 하고 풀칠하는 모습을 상상하다가 나도 모르게 싱긋 웃음이 났고, 한 번 입가에 걸린 미소는 그라시아 지구 거리를 걷는 동안 떠나지 않았다. 장식 하나하나가 모두 이야기를 담고 있었으니까.

얼마 전에는 '바흐셀로나BACHCELONA'라는 축제가 있었다. 축제 기간 동안 성당이나 광장 등 구시가지 구석구석에서 바흐 음악이 연주되었다. 바흐와 바르셀로나를 합친 매력적인 이름에 반해버린 나는, 바흐에 대해선 잘 알지도 못하면서 여기저기 공연을 찾아다녔다.

하루는 작은 성당에서 진행된 '바흐 칸타타'라는 합창 공연을 보러 갔다. 오랜만에 구두를 꺼내 신고, 원피스를 입고 찾아간 성당에는 이미 관객이 가득 차 있었다. 공연이 시작되고 합창단원들이 한 명씩 한 명씩 나와 노래를 하는데, 그만 피식 웃음이 터졌다. 우리 집 경비원 아저씨가 앞으로 나와 노래를 한다고 해도 전혀 놀라울 것 같지 않았다. 저

틈에서 자주 가는 슈퍼마켓 주인 아주머니를 발견할 것만 같았다. 장을 보러 나온 것 같은 털털한 복장의 동네 사람들이 무대 위에서 진지하게 노래를 부르고 있었다. 노래하는 사람들은 그저 바르셀로나 시민이었고, 관객들도 그들의 지인이 대부분이었다. '바흐'라는 이름 덕분에 교향악단이 나오는 거창한 공연을 상상했던 나는 그제야 어깨 힘을 풀고 축제를 제대로 즐기기 시작했다.

어느 저녁에는 작은 광장에서 '댄싱 바흐'라는 공연을 한다고 해서 다녀오기도 했다. 바흐의 음악에 맞춘 댄서들의 춤을 기대했다. 아마 누구라도 그렇게 생각했을 것이다. 계단 맨 꼭대기에 앉아 공연을 즐길 준비를 하고 있었는데, 시작 시간이 되자 가벼운 복장을 한 남녀가 등장하더니 계단에 앉아 있던 관객들에게 함께 춤을 추자며 "무대로 내려오라"고 손짓했다. 기껏해야 두세 명 내려가겠지 싶었다. 그런데 한 명, 또 한 명, 관객들이 무대로 나가기 시작하더니 놀랍게도 어느새 관람석보다 무대에 사람이 더 많아졌다. 그들은 바흐 음악 연주에 맞춰 스텝을 밟고, 몸을 돌렸다. 춤을 특별하게 잘 추는 사람은 많지 않았는데, 유독 한 명이 눈에 띄었다. 무릎까지 오는 면 치마를 입고 가방을 뒤로 멘 몸집이 자그마한 백발 할머니의 몸짓이 가볍고 발걸음이 경쾌해 내내 눈을 뗄 수가 없었다. 공연이 끝나고 용기 내어 다가가 더듬더듬 짧은 스페인어로 말을 건넸다. "당신이 최고였어요." 환하게 웃던 그분의 미소는 우리 앞집 아주머니와 아주 닮아 있었다.

그라시아 축제와 바흐셀로나, 두 번의 축제를 경험하며 나는 이 도시를 조금 더 이해할 수 있을 것 같았다. 바르셀로나에서 축제는 멀리 있는 것이 아니었고, 일상 속에서 모두가 공평하게 즐기는 것이었다.

그라시아 지구를 나와, 버스를 타지 않고 그대로 집까지 한참을 걸었다. 걷는 동안 나도 그라시아 지구 사람들 틈에 섞여 가위질하고 풀칠하는 상상을 했다. 음악이 흐르고 조명이 켜진 어느 골목에서 모르는 사람과 손을 잡고 왈츠를 추는 상상도 했다. 언젠가는 나도 이들처럼 자연스럽게 축제를 즐길 수 있겠지. 다행히도 한동안은 이곳에 머물 테니까. 운이 좋다는 생각이 아주 오랜만에 들었다.

● **그라시아 축제** *Festa Major de Gràcia*
일시 매년 8월 15~21일
장소 바르셀로나 그라시아 지구
웹사이트 www.festamajordegracia.cat

● **바흐셀로나** *Bachcelona*
일시 매년 7월
장소 바르셀로나 구시가지(고딕 지구, 보른 지구)
웹사이트 bachcelona.com

1

이방인

————————

　도심의 카페에 노트북을 켜놓고 앉아 있는데, 그런 생각이 들었다. '하루 종일 여기 있어도 아는 사람을 절대 만나지 않겠구나. 아는 이가 지나다 "어, 다운아!" 말을 건네는 일 같은 건 일어나지 않겠구나.' 조금 낯선 기분이 들어 노트북을 덮고 고개를 들었다. 곧장 쓸쓸해져야 할 것 같은데 묘하게 안심이 되었다. 게다가 나는 약간 웃고 있다. 그날부터 내내 '이 마음은 무엇일까' 하는 생각을 하던 중이었다. 아는 사람이 없는 낯선 도시에서 비로소 마음이 편안해지는 이 마음은 어떻게 시작된 걸까.

　아무도 만나지 않고 집에서만 있고 싶다는 생각이 들 때가 종종 있었다. 하지만 언제나 생각에 그칠 수밖에 없었다. 다른 사람들의 기대에 부응해야 한다는 기원을 알 수 없는 의무감이 있었고, 세상의 기준에서 벗어나 뒤처지는 것처럼 보이기 싫었다. 회사에서 인정받고 싶었으며 친구들을 잃기 싫었고 모임에서 제외될까 불안했다. 그래서 꼬박꼬박 회사에 출근을 했고, 정기적으로 부모님 댁을 방문했으며, 친구들을

만나고 경조사를 챙기고 사람들이 많이 모이는 모임에도 나갔다. 그 외에도 집 밖에 나가서 해야 할 일은 너무나 많았다. 집 밖에서 시달리다 세상만사 귀찮아지면 집에만 틀어박혀 며칠이고 혼자 있고 싶다는 생각이 또 때때로 들었지만 그럴 때 주변에서 쏟아질 걱정과 염려는 생각만 해도 부담스러웠다. 그것을 감당하기보다는 차라리 밖으로 나가는 편이 나았다. 모든 날에 나는 꾸역꾸역 밖으로 나와 내가 괜찮음을 알렸다. 그러는 동안 좀 지쳤던 것도 같다.

외국에서 사는 일은 어쩌면 '집 안'에 있는 것과 비슷하다. 부모님 댁에 정기적으로 인사를 가지 않아도 되며 친구들을 만날 필요도 없고 모임에 나가지 않아도 된다. 나를 지치게 했던 모든 것들에서 자유롭다. 아무것도 하지 않고 죽은 듯이 지내도 아무도 나를 걱정하거나 탓하지 않는다. 이럴 수가. 심지어 나는 바르셀로나, 쾌청한 하늘 아래 있다. 아니, 이렇게 좋을 수가. 아무 죄책감 없이 혼자 있을 수 있다니. 발길 닿는 모든 곳, 모든 순간에 나만 생각해도 된다니. 나 외에 다른 사람을 먼저 고려하지 않아도 되다니.

물론 가끔은, 고개를 들면 친구가 내 앞에 앉아 있으면 좋겠다는 생각이 들기도 한다. 보고 싶은 친구와 가볍게 약속을 잡고 햇볕 아래 테이블에 앉아 타파스에 맥주 한잔하고 싶어지면 있지도 않을 그날이 그리워 한동안 마음이 울렁거리기도 한다. 거리에서 나를 제외한 사람들이 모두 친구 같을 때, 늘 걷던 길이 낯설게 느껴지며 걸음을 멈추고 멍하니 서 있게 될 때도 있다.

그래도 대부분은 아는 사람을 만날 일이 서의 없는 이곳에서의 생활이 좋다. 나와 남편, 그리고 제제에게만 집중할 수 있는 시간, 다시 없을 시간. 한국에 있는 것도 아니고, 온전히 스페인에 있는 것도 아닌 경계에 있는 아슬아슬한 시간들. 이방인으로서의 홀가분한 생활.

바르셀로나의 개들

남미여행 중 과테말라 안티구아에서 장을 봐서 숙소로 돌아오던 길이었다. 길 건너에 큰 개 두 마리가 앉아 있었다. 한국에서라면 그냥 지나치고 말았을 장면. 나는 개를 좋아하지 않(았)고, 큰 개는 어쩐지 무서우며, 결정적으로 우리는 보통 바빴을 테니까. 하지만 안티구아에서 우리는 시간이 아주 많았다. 잠시 걸음을 멈추고 개를 바라보았다. 그러다가 개 한 마리가 조금 다쳤다는 걸 알아차렸다. 성큼 길을 건너 가까이 다가가 장바구니 안에 있던 소시지를 잘라서 주었다. 그리고 둘이 사이좋게 나눠 먹는 모습을 잠시 지켜보다 숙소로 돌아왔다. 그뿐이었다. 아주 천천히 흘렀던 10분. '시간이 많으니까 참 좋구나' 중얼거리다가 나는 여행의 의미를 알아차렸다. 시간이 지나 생각해보니, 앞으로 어떻게 살아야 하는지도 나는 그때 깨달았다. 이름 모를 두 마리의 개에게 커다란 빚을 졌다.

그때부터 거리의 개들이 보이기 시작했다. 비록 큰 개는 조금 무서워서 여전히 거리를 두긴 했지만, 길에 개가 있는 풍경이 더 이상 낯설지 않았다.

여행 후 한국으로 돌아와 살게 된 제주에도 주인 없는 개가 많았는데, 그들은 자꾸 길에서 죽었다. 매일 동네를 지나다니며 꼬리를 흔들던 백구가 어젯밤 농약을 먹고 죽었다는 이야기에 남몰래 눈물을 훔친 적도 있었다. 문 앞에 내놓은 고양이 밥을 뺏어먹는다고 나무랐던 게 미안해서, 종일 백구 뒤를 쫓아다니던 작은 개 누렁이가 가여워서 울었나. 그러고 보니 그때까지 내가 알게 된 개들은 대부분 이름이 없었다. 우리는 그냥 보이는 대로 백구라든가 누렁이라고 불렀고, 제주에는 백구와

누렁이들이 그렇게 많았다.

바르셀로나에 와서 가장 먼저 눈에 들어온 풍경은 가게 입구에 앉아 있는 개들이었다. 그들은 가게 안에서 볼일을 보고 있는 자신의 주인을 향해 얌전하게 앉아 있었다. 여러 주인이 데려온 크고 작은 개들이 나란히 한 방향을 향해 앉아 있는 모습을 보고 있으면 흐뭇한 미소가 저절로 지어졌다. 가게 안에 함께 들어가 있는 개도 흔하고, 함께 진열대 사이를 거닐며 물건을 고르는 일도 드물지 않다. 바르셀로나 시민들은 공원, 거리, 광장에서 보내는 시간이 긴데, 그때마다 항상 개와 함께 나가 시간을 보낸다. 식당에 갈 때도, 마트에 장을 보러 갈 때도, 그들은 개와 함께한다. 그건 개를 환영하는 가게가 많다는 이야기이기도 하다. 어느 식당이 개와 함께 갈 수 있는지, 어느 슈퍼마켓 입구에 개를 묶어놓을 수 있는 공간이 있는지 이들은 아주 잘 알고 있다.

그렇기 때문에 옆집에 사는 사람의 얼굴을 익히기 전에 개 이름을 먼저 외우게 되는 경우도 흔하다. 같은 층에 사는 남자는 늘 얼룩무늬 개 '버드'와 함께 외출을 하는데, 나는 아직 그 남자의 이름은 모른다. 하지만 멀리서 봐도 버드는 한눈에 알아볼 수 있다. 래브라도 리트리버를 키우는 한 친구는 따로 약속을 잡지 않아도 오며 가며 길에서 종종 마주치는데, 한 번도 혼자 있는 모습을 본 적이 없다.

"끼요!"

멀리서 개의 뒤꽁무니만 보고 알아보고 달려가 얼굴을 부비다 보면 비로소 끼요 옆에 서 있는 친구가 보인다. 그제야 인사를 나눈다.

"올라! 너도 잘 지냈어?"

이처럼 이곳에서는 개와 사람을 따로 생각하기가 어렵다. 이 사람과 저 사람이 부부인 걸 아는 것처럼, 이 사람과 저 아이가 엄마와 딸 사이라는 걸 아는 것처럼, 저 개와 이 사람이 한집에 산다는 걸 대부분의 이웃들은 알고 있다.

처음에는 낯설었다. 한국에서는 보통 개는 집 안에 있고, 가끔 '정해진 산책 시간' 동안 공원이나 아파트 단지를 산책하는 모습이 대부분이었다. 또, 큰 개는 마당이 있는 집에서만 키우는 거라고 당연하게 생각했다. 하지만 여기서는 작은 아파트에 살면서도 큰 개를 키우는 경우가 많다. 대신 산책을 아주 자주 시킨다. 당연하게 생각했던 것들이 사는 배경을 바꾸니 당연하지 않아졌다. 여기서 당연한 건 개와 함께 산다는 것은 개와 함께 길을 걷는다는 것. 나는 그 사실을 바르셀로나에 와서 알았다.

거리에서 사람을 보고 짖는 개를 한 번도 본 적이 없다. 내가 손짓을 하면 개들은 꼬리를 흔들며 달려오고, 예쁘다 이야기하며 손을 내밀면 먼저 다가와서 내 손에 얼굴을 비빈다. 주인은 옆에서 흐뭇한 미소를 지으며 서 있다. 이곳 개들은 산책을 자주 하고, 훈련이 잘 되어 있기 때문에 저 개가 나를 해치거나 물지 않을 것이라는 확신이 생겨났다. 그때부터 거리의 모든 개들이 예뻐 보이기 시작했다. 바르셀로나 거리에 활기를 더해주는 이 순한 아이들을 예뻐하지 않을 도리가 없다.

나는 딱 한 번 개를 키워본 적이 있다. 나도 모르게 잊으려고 노력한 이름, 승리. 승리는 우리 집에 아주 짧게 살았다. 부모님은 아침 일찍 출근을 했고, 동생과 나도 약속이 많아 늦게 귀가하는 일이 잦았다. 승리는 낮 동안 주로 집에 혼자 있었다. 장난기가 아주 많던 닥스훈트. 어느 날 내 방에 두고 문을 닫고 외출을 했고, 오랜만에 일찍 집에 왔는데, 승리는 방 안에 오줌과 똥을 싸고는 그 위에 앉아 있었다. 식구 중에 제일 먼저 귀가해 방문을 열고 그 장면을 보자마자 나는 펑펑 울었다. 엄마에게 전화를 했다. 그리고 마침 엄마 옆에는 이모가 있었다. 우리는 승리를 키우기에 너무 바쁜 것 같다고 나는 말했고, 나와 엄마, 그리고 옆에 있던 이모까지 우리 셋은 전화기를 사이에 두고 울었다. 그리고 며칠 뒤 이모가 승리를 데려갔다.

승리와 함께 지내며 있었던 일들이 하나씩 떠올랐다. 그런데 이상하게도 승리와 함께 산책한 기억이 없다. 전혀 없다. 어쩌면 개를 키워본 적 없이 무지했던 우리 가족은 승리를 산책시킨 적이 없었을지도 모르겠다. 그 사실이 한 번 떠오르고 나니, 머릿속에서 지워지지 않는다. 나는 그 작은 강아지에게 대체 무슨 짓을 한 거지.

바르셀로나에 살며 거리에서 매일 승리를 만난다. 제주의 개 백구도 만나고, 안티구아에서 본 두 마리의 개도 만난다. 어떤 개는 바르셀로나에 태어나서 매일매일 골목과 공원을 산책하며 이웃들에게 이름이 불려지고, 어떤 개는 남미에서 태어나 이름을 갖지 못한 채 거리를 돌아다니며, 어떤 개는 제주에서 태어나 농약을 먹고 죽고, 어떤 개는 서울에서 태어나 집 안에서만 산다.

승리가 다시 태어난다면, 바르셀로나에서 태어났으면 좋겠다. 그래서 산책을 아주 많이 다녔으면, 이름이 자주 불려졌으면, 친구도 많이

사귀었으면. 한 블록 지날 때마다 어김없이 새로운 개를 만날 수 있는 이곳의 거리를 걸으며 나는 주문을 외우듯 그런 생각을 한다. 한국으로 돌아가면, 아마 거리에 공기처럼 있던 개들이 가장 그리울 것 같다. 아무리 살아도 여전히 조금씩 낯선 이 도시에서 너희가 나의 친구들이었단다. 스스럼없이 다가가 이름을 묻고 말을 걸 수 있는 건, 사실 너희뿐이었단다. 나는 너희들 덕에 이 도시가 외롭지 않았고, 그래서 정말 고마웠단다.

Made in Barcelona

바르셀로나에서 만들어 판매되는 물건들에는 'Made in Barcelona'라고 적혀 있는 경우가 많다. '메이드 인 스페인'이 아니라 '메이드 인 바르셀로나'. 이 말은 바르셀로나에서 만들어졌다는 것 외에도 많은 의미를 담고 있다. 나는 디자이너입니다. 나는 작은 가게에서 물건을 팝니다. 그리고 나는 바르셀로나에 살고 있습니다. 거기에 이제 한 가지를 더 보태도 좋겠다. 나는 바르셀로나의 하늘과 파도를 담고 있습니다.

　'데마노Demano'는 바르셀로나 구시가지 보른 지구에 있다. 보른 지구는 디자이너, 화가들의 작업실이 모여 있어 작고 매력적인 가게들이 많은 곳이다. 데마노는 그중에서 그다지 튀지 않는 가게라 오며가며 자주 지나치면서도 들어가봐야겠다는 생각은 좀처럼 들지 않았다. 그러다 어느 날 문득 간판이 눈에 들어왔다. 데마노. 우리 말로 해석하면 손으로부터. 조금 호기심이 생겨 살펴보니 리사이클링 제품을 판다고 쓰여 있다. 손으로 만든 리사이클링 제품이라니. 그때부터 나는 데마노 앞을 지날 때마다 흘끔, 가게 안을 들여다보곤 했다. 그러다 어느 날 성큼 가게로 들어섰다.

　가방이며 지갑 등 제품을 살펴보다가 카운터에 앉아 있는 나이가 지긋한 여인에게 말을 걸었다. 그녀는 영어를 잘 못 하고, 우리의 스페인어는 너무 서툴나. 이야기를 몇 마디 나누다가 여인은 잠깐 말을 멈추고 가게 안쪽으로 들어가 좀 더 젊어 보이는 여인을 데리고 나왔다. 유창한 영어로 인사를 건네는 그는 여인의 딸이라고 했다. 이후 스페인어와 영어가 섞인 대화가 오고갔는데, 언제 스페인어를 썼고 영어를 썼는지 정확히 기억이 잘 나지 않는다. 다만 처음 만나는 외국인과 이렇게 오래 자연스러운 대화를 이어간 건 정말 오랜만이었다. 나는 그들을 처음 보는데, 나는 영어도 스페인어도 잘 못 하는데, 그런데도 대화가 불편하지 않았다. 그러다 물었다. "어디에서 왔어요?" 영어로도 스페인어로도 자신 있는 말. 당연히 바르셀로나에서 태어나 자랐을 거라고 짐작하고 건넨 질문이었다.

"콜롬비아요. 바르셀로나로 아주 오래전에 이주했어요."

아, 순간 남아 있던 긴장이 모두 풀렸다. 곧장 내 이야기를 늘어놓기 시작했다.

"3년 전에 콜롬비아를 여행했어요."

"보고타요?"

"네 보고타랑 메데진…."

그리고 연이어 홀린 듯 고백했다.

"저는 콜롬비아를 좋아해요."

3년 전, 콜롬비아를 여행할 때 숱하게 외쳤던 말을 아주 오랜만에 꺼낸 순간이었다. 나는 그 이야기를 하며 아마 몹시 수줍어했을 것이다. 그런 나를 보며 그는 웃었다. 바르셀로나에 온 지 너무 오래되어서 그는 콜롬비아에 대한 추억이 많지 않은 것 같았다. 하지만 상관없다. 나는 스스로 전생에 콜롬비아나였을 거라고 믿고 있는 사람이고, 그는 콜롬비아나이니까. 우리는 생의 어느 지점, 바르셀로나에서 만났다.

그의 이름은 마르셀라. 데마노의 대표이자 디자이너라는 그는 나보다 스페인어는 물론 영어도 잘했다. 그의 인내심 덕분에 우리는 이야기를 느리게나마 이어갈 수 있었는데, 중간중간 내가 잘 알아듣고 있는지

살피는 것을 잊지 않았나.

"1999년이었어요. 바르셀로나의 거리를 걷다가 버려진 현수막을 봤어요. 재질이며 상태 등을 꼼꼼하게 살펴보곤 집에 가져왔죠. 그걸로 가방을 만들었고요. 그게 데마노의 시작이에요."

나도 많이 봤다. 바르셀로나 거리에는 축제를 알리는 현수막이 항상 걸려 있으니까. 1년 내내 펼쳐지는 다양한 행사를 안내하는 현수막은 볼 때마다 걸음을 멈추고 올려다보게 만들 정도로 아주 예쁘다. '바르셀로나는 디자인을 참 잘하는 도시로구나.' 나의 생각은 거기까지였다. 하지만 17년 전 마르셀라는 현수막의 다음 생애를 생각했다. '이 근사한 현수막으로 가방을 만들어보면 어떨까?'

현수막은 마르셀라의 손을 거쳐 책가방이나 숄더백이 되었다. 지갑, 노트북 파우치가 되기도 했다. 그뿐 아니다. 쓰임을 다한 카이트도 마르셀라의 손을 거쳐 다시 태어났다. 가로등에 걸려 바람에 나부끼는 현수막도, 파도를 타고 넘실거리는 카이트 서핑도 바르셀로나에서 흔하게 볼 수 있는 것들이다. 그렇기에 대부분의 사람들이 무심코 지나쳐 보낼 것들이기도 하다. 콜롬비아에서 태어나 바르셀로나에서 자란 디자이너. 바르셀로나에서 가장 흔하게 볼 수 있는 것들이 그의 눈에는 다르게 보였나 보다.

마르셀라는 작업실로 우리를 초대했나. 작업실은 걸어서 20분 정도 걸리는 시내 외곽에 있었는데, 아침 공기를 가르며 한 번도 가보지 못한 동네 거리를 걷는 동안 가슴이 뛰었다. 무언가를 만드는 공간에 가는 일은 늘 설렌다. 게다가 마르셀라를 두 번째 만나는 날이었으니까. 작업실에서는 한창 작업이 진행되고 있었다. 우산 천을 가지고 가방을 만드는 중인 것 같다.

"폐업하는 우산 공장에 가서 남은 천들을 받아왔어요. 그걸로 장바구니나 간단한 가방을 만들죠. 우선 가볍고, 그리고 방수도 된답니다."

한쪽에는 현수막, 카이트 등 재료가 가지런히 쌓여 있다. 현수막 사이를 걷다 보니 내 눈에 낯익은 것들도 보인다.

"어? 이거 작년 메르세 축제 현수막이네요?"

"네, 그거 유명한 화가, 신 스컬리가 그린 그림이에요."

현수막은 바르셀로나 시와 정식으로 계약해서 직접 받는다고 한다. 축제가 끝나면 현수막은 플라스틱으로 분류되어 버려지는데 그중 일부를 가지고 온다. 화가나 사진작가와의 저작권 협상도 모두 완료한 후에 사용한다. 최근에는 에티오피아 후원 공연 주최 측에서 공연 현수막을 활용한 책가방을 주문해 대량 제작하기도 했단다. 그 책가방들은 에티오피아로 보내질 예정이다.

"바르셀로나 거리에 걸리는 대부분의 현수막이 저에게로 와요. 새로운 현수막이 거리에 걸리면 눈여겨보게 되죠. 특히 마음에 쏙 드는 디자인의 현수막을 발견하면 가슴이 뛰어요."

이곳 사람들은 바르셀로나를 'BAR.CEL.ONA.' 세 음절로 나누어 표현하곤 한다. 카탈루냐어로 바르BAR는 바, 셀CEL은 하늘, 오나ONA는 파도. 바와 하늘과 파도, 바르셀로나를 가장 잘 표현하는 세 단어라는 것이다. 작업실에 쌓인 현수막과 카이트, 우산 천들, 그리고 그것들로

만들어진 제품을 보면서 어쩌면 이게 진짜 '메이드 인 바르셀로나'겠구나 생각했다. 쾌청한 하늘 아래서 햇볕을 오랫동안 머금은 현수막과 긴 시간 파도와 바람 사이를 가로지르며 지중해 위를 날아다닌 카이트로 만들어진 가방을 산다는 건 바르셀로나의 하늘과 파도, 햇볕과 바람, 시간을 함께 사는 것일지도 모르겠다.

실은 마르셀라와 이야기를 나누던 내내 가방 하나가 자꾸 눈에 밟혔다. 건물 전체를 덮을 정도로 커다란 현수막을 리사이클링해 제작한 가방인데 하나의 현수막에서 200개의 가방이 나왔다고 한다. 몇 개 남지 않은 것 같아 어쩐지 초조한 기분이 들어 당장 사고 싶었지만, 지금 저걸 사겠다고 말하면 터무니없이 싼 가격으로 줄 게 뻔해 참았다. 이 글을 다 쓰고 나면 데마노로 가서 그 가방을 살 것이다. 가방을 멜 때마다 그 순간 내가 어디에 있든 간에 나는 바르셀로나 카탈루냐 광장 앞 높은 건물에 한 계절 걸려 있던 현수막을 떠올리게 되겠지. 그리고 바르셀로나의 하늘과 햇볕, 공기도 함께.

1 4

고장 릴레이

———————

오래된 유럽식 아파트에서 사는 날들은 하나가 고장 나서 고치면 다른 하나가 또 고장 나는 릴레이 고장의 날들이다. 처음 이사 왔을 때 가장 먼저 고장 난 건 싱크대. 싱크대 뒤에 틈이 생겨서, 아래 찬장으로 물이 샜다. 방수 테이프나 글루 건으로 막으려고 시도해봤지만 그러기엔 틈이 커서 포기할 수밖에 없었다. 대신 벌어진 틈에 행주를 하나 올려두었다. 조금만 거칠게 설거지를 해도 그쪽으로 물이 튀면 아래로 흐를 수 있기 때문에 늘 조심해야 한다.

두 번째로 고장 난 건 변기. 변기 어딘가에서 계속 물이 새서 화장실 바닥으로 흘렀다. 건식 화장실이기 때문에 한국처럼 바닥에 물이 빠지는 구멍이 없다. 그래서 물이 많이 고이면 대형 공사를 해야 할 수도 있어 매우 곤란하다. 변기 주변에 수건을 깔고 틈틈이 물을 짜냈다. 대체 어디가 새는지 보이질 않아서 며칠을 유심히 관찰하다가 변기 탱크로 이어지는 호스에 바늘 하나만큼의 구멍이 생겼다는 걸 알았다. 테이프로 칭칭 감아도 계속 물이 새서 철물점에서 호스를 사와 고쳤다. 여기는

하나를 고치면 다른 하나가 고장 나는 곳이구나. 직접 고쳐가며 살아야 겠구나. 그때 공구함을 하나 샀다. 변기를 고치고 나자 테라스 문이 말 썽이다. 나무문과 연결된 손잡이가 조금만 세게 잡아도 빠져버린다. 이 러다 문고리가 빠져서 테라스에 갇히게 되는 일이 생길 것 같다. 드라이 버를 옆에 두고 틈틈이 나사를 조여주는 것 외에는 특별히 할 수 있는 일이 없다. 공구함 위치를 테라스 문 앞으로 옮겼다.

여기저기 고장 난 낡은 유럽 집에 이제 좀 적응이 되었다 싶을 무렵 세탁기가 고장이 났다. 몇 번 우렁차게 돌다 거친 소리를 내며 흔들리더 니 이내 멈춰 버린다. 가장 먼저 한 일은 세탁기 브랜드를 구글에 검색 해 공식 사이트를 찾아내는 일. A/S센터 몇 군데 연락을 해봤지만 모두 전화를 받지 않는다. 하는 수 없이 고객 센터에 메일을 보내두었는데 역 시 기다려도 답이 없다. 그러는 동안 우리는 일주일에 한 번씩 빨래방에 가고 있다. 세탁기 한 번 돌리는 데 4유로, 30분이 걸린다.

남편의 요리학교 수업 다음 날인 금요일에 앞치마와 조리복을 포함 해 일주일간 쌓여 있던 옷을 들고 빨래방으로 가는 일이 우리에게 어느 새 습관이 되었다. 보통은 남편이 시장에 간다고 집을 나서면 나는 빨 래를 담은 이케아 봉투를 들고 따라나서 빨래방으로 간다. 빨래가 돌아 가는 동안 은행을 가는 등 볼일을 보거나 근처를 서성거릴 때도 있지 만, 대부분은 그냥 세탁기 맞은편 의자에 앉아서 시간을 보낸다. 사람들 은 보통 책을 가져와 읽는다. 나도 그들 옆에 앉아서 이북을 보거나, 이 어폰을 끼고 밀린 드라마를 보곤 한다. 그러면서 혹시 오늘은 '에스크리 바'가 오지 않으려나 빨래방 문이 열릴 때마다 고개를 돌린다.

에스크리바를 처음 만난 날, 빨래방에는 나 말고도 중년의 부부가 있었는데 그들은 마주보고 앉아 아무 말 없이 천천히 건조된 빨래를 개고 있었다. 빨래 양이 많아 접어 담는 데 시간이 꽤 걸리는 중이었다. 그때 낡은 배낭 가득히 빨래를 담은 여자가 늙은 개와 함께 빨래방에 들어왔다. 개는 졸졸 여자를 따라다닌다. 좁은 빨래방 안에서 앉았다 일어났다 이리저리 움직이는데 그 모습이 굉장히 분주하지만 고요하다. 무료했던 중년 부부와 내 시선은 그 늙은 개를 따라 움직였다. 그러는 동안 빨래방 안의 무심했던 공기가 점점 다정해진다. 개의 이름을 물었다. 에스크리바라고 한다. 이름이 알려지고 나서부터 에스크리바는 이제 주인 여자를 따라다니다 말고 중년 부부 근처를 맴돌다 내 옆에 가만 붙어 앉기도 한다. 에스크리바의 머리를 쓰다듬다 보니 그날은 30분이 후딱 지나갔다.

그날 이후 빨래방에 갈 때마다 종종 에스크리바를 만난다. 그때마다 여자와 가벼운 눈인사를 나누고 난 뒤 에스크리바에게 다가가 얼굴을 부빈다. 나는 빨래방에 가는 일을 좋아한다. 하나도 귀찮지 않다. 원래 빨래를 좋아하는 편이어서 그렇다고 생각했지만 어쩌면 또 우연히 에스크리바를 만날지도 모르니까, 사실은 그게 더 큰 이유인지도 모르겠다.

15

나에겐 친구가 딱 한 명 있다

회사를 다니던 20대 후반부터 30대 초반까지 나는 그야말로 여행광이었다. 여행 경비를 벌기 위해 회사를 다닌다고 이야기해도 될 정도로, 틈만 나면 휴가를 내고 다른 나라로 여행을 갔다. 주로 혼자 여행을 했는데, 어떤 해에는 1년에 세 번 해외로 여행을 다녀온 적도 있었다. 해지는 걸 마흔세 번이나 구경했다는 쓸쓸한 날의 어린왕자처럼, 세 번이나 여행을 했던 그해, 나는 회사 일이 많이 힘들었던 것 같다. 지금 생각하니 그렇다.

내가 여행을 좋아했던 가장 큰 이유는 여행 중의 나는 한국에서와 다른 사람인 것 같았기 때문이었다. 회사에서의 나와, 집에서의 나, 그리고 여행지에서의 나는 조금씩 다 달랐는데, 그중에서 나는 여행 중인 내가 제일 마음에 들었다. 여행 중인 나는 덜 예민하고 너그러웠으며 신중했다. 여행을 하는 동안 나는 낯선 곳, 낯선 사람들 앞에서 제일 마음에 드는 나로 며칠을 살 수 있었다. 여행이 끝나고 다시 회사에 출근하면 뾰족하고 성격 급한 대리가 되었지만, 그런 나에게도 사실은 좋은 면이 있다는 걸 여행은 알려주었다. 여행을 다녀오면 얼마간은 나도 내가 좋았다.

삶의 배경이 바르셀로나로 바뀌었다. 일상 속의 내가 여행 중인 나처럼 조금씩 자연스럽게 변하고 있다. 바르셀로나의 정다운은 매사에 조바심 내지 않고 스트레스를 바로바로 털어내는 여유가 있는 사람이다. 이렇게 '여유로운 나'로 사는 시절에 '이나'를 만났다. 이나는 "가능하면 먼지처럼 가만히 아무런 욕심도 에너지도 없이 한번 살아보자고 바르셀로나에 왔다"고 했다. 둘 다 일하느라 바빠 어떻게 지나갔는지도 모를 10여 년을 보낸 뒤, 30대 중반이 넘어 바르셀로나에 불시착했다. 그리고 서로를 알게 되었다.

우리는 지하철로 여섯 정거장 거리에 사는데, 구체적인 약속을 잡는 일은 거의 없다.

"일요일 오후에 볼까?" "그럴까?"

"나 지금 일어났어. 점심 먹고 나갈게." "응, 나올 때 연락해."

"나 지금 지하철 탄다." "오키, 나도 나간다."

그러고는 지하철역 근처에서 만나 길을 걷거나 카페에 앉아 커피를 마신다.

"나 우체국 가야 하는데." "가자."

"우리 집에서 저녁 먹을래?" "좋아."

오래전부터 쌓은 추억도 없고, 중간에 엮인 친구도 없고, 함께 참여하는 모임도 없고, 알고 있는 과거도 없는, 그냥 사람 대 사람으로 알게 되어 천천히 친해졌다. 집에서는 나오고 싶은데 혼자 있기는 싫을 때, 모임은 귀찮지만 혼자 밥 먹기 싫을 때, 특별히 무슨 용건이 있는 건 아니지만 만나고 싶은 사람. 함께 있어도 혼자 있는 것처럼 편한 사람.

우리는 책을 나눠 읽는다. 그렇다고 그 책에 대한 의견을 나누는 건 아니다. 같이 영화를 보러 가는 일도 없다. 같이 클럽을 가거나 축제에 참여하는 일도 없다. 한국 TV를 거의 보지 않으니 드라마나 예능 프로그램, 연예인에 대한 이야기를 하지도 않는다. 그 흔한 외모에 대한 이야기조차 한 적이 없고, 우리가 아닌 다른 지인에 대한 이야기도 하지 않는다. 그런데도 둘이 만나면 시간은 잘 흐른다.

대화의 대부분은 지금 눈앞에 보이는 것에 대한 이야기다. 저기 지나가는 사람, 그와 꼭 닮은 개, 오후의 햇살이라든가 눈부시게 파란 하늘, 지금 마시고 있는 커피 같은 것들. 지금 막 지나가고 있는 순간의 바르셀로나를 나누었다.

한국의 나와 바르셀로나의 내가 다른 것처럼 한국의 이나와 바르셀로나의 이나도 다를지 모르겠다. 다른 나와 다른 이나가 바르셀로나에서 만나서, 서로 그런 줄도 모르고 우리는 매번 허투루 시간을 보냈다. 나타났다가 곧장 사라지는 그 시간들이, 눈앞에서 바로바로 흐르는 장면들이 나의 바르셀로나를 촘촘하게 엮었다. 내 바르셀로나의 증인, 나의 호시절을 목격한 친구, 이나가 있어서 좋았다. 많이 의지했다. 덕분에 좋은 순간들을 보냈다.

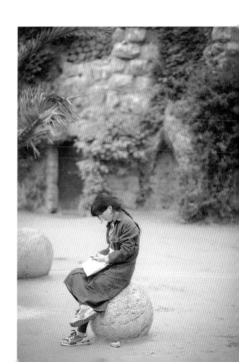

To. 이나

안녕, 이나야. 바르셀로나에 네가 없었다면 나의 바르셀로나 생활은 지금보다 반쯤은 재미가 없었을 거야. 바르셀로나 생활 동안 나에게 친구는 딱 너 한 명 뿐이었지만, 그걸로 충분했어. 시간이 많이 지난 후에 박이나 할머니와 정다운 할머니가 만나는 모습을 떠올리면 기분이 좋아져. 좋은 할머니가 될 것이 분명한 친구와 나란히 나이 든다는 건 참 든든한 일인 것 같아.

내가 먼저 바르셀로나를 떠나고 너는 남겠지만, 언젠가 제주든 전주든 서울이든 아니면 바르셀로나든, 지금보다 조금 나이 들었던 호호할머니이든 우리는 또 마주보고 앉아서 그때그때 떠오르는 이야기를 나누며 허투루 시간을 보내겠지. 나는 지금 생겨났다 바로 시라지는 그 시간들 덕분에 낯선 삶을 질 보낼 수 있었어. 고마워. 고마웠어. 내가 만약에 바르셀로나를 떠나며 운다면, 너랑 헤어지는 게 아쉬워서일 거야. 또 만나자.

16

광장에서 만나자는 말

바르셀로나에선 약속을 할 때, "강남역 CGV 앞에서 보자"든지 "종로3가역 4번 출구에서 만나자"고 하지 않고 "왕의 광장*Plaça del Rei*에서 보자"라거나 "노바 광장*Plaça Nova*에서 만나자"라는 말을 주로 많이 한다. 모퉁이를 돌 때마다 광장이 나오고, 광장마다 앉을 만한 계단이나 벤치가 있다. 여름에는 그늘이 시원하고, 겨울이면 볕이 따뜻한 광장에 앉아 있으면 친구가 조금 늦게 오더라도 괜찮다.

친구가 "커피 한잔할까?" 나를 불러냈다.

"어디서 볼까?"

"왕의 광장으로 올래?"

"그래."

우리는 광장 한쪽 테라스에 앉아 한 잔에 1유로가 조금 넘는 커피를 마셨다. 대체로 그렇듯 바르셀로나 하늘은 청명했고, 광장 가운데에서는 작은 개 두 마리가 서로의 꽁무니를 쫓으며 놀고 있었다. 옆 테이블에는 관광객이, 건너편에는 동네 주민으로 보이는 사람들이 앉아 있었

다. 새파란 하늘 아래 앉아 친구와 이야기를 나누며, 개들이 뛰어노는 모습을 지켜보던 편안한 오후, 춥지도 덥지도 않고 시끄럽지도 조용하지도 않은 이 공기를 가만히 들이마셔 본다.

새삼 '산다는 것'에 대해 또 생각한다. 바르셀로나에서 살게 되었다고 했을 때 가까운 지인들은 낯선 땅에서 이방인으로 사는 어려움을 이유로 들며 나를 걱정했지만 이곳에서의 생활은 생각보다 쉬웠다. 쓰고 보니 '쉽다'라는 말이 굉장히 적절하다. 살아보니 어디서나 먹고 자는 일은 비슷했다. 적응이 빠른 나는 여기서 한참을 살았던 사람처럼 금세 이곳 생활에 익숙해졌다. 익숙해진다는 건 무덤덤해진다는 것의 다른 말이기도 하다. 처음에는 하나하나 신기했던 바르셀로나의 골목들이 평범하게 느껴지기 시작했고 매번 감탄했던 새파란 하늘에도 시큰둥해졌다. 며칠을 꼼짝 않고 집 안에만 있기도 했다. 구시가지 좁은 골목 사이에 위치한 오래된 집에는 한낮에도 볕이 잘 들지 않는다. 오늘 하늘 색깔이 어떤 색이었는지도 보지 못한 채 며칠을 방과 거실만 왔다 갔다 하며 지냈다. 그러다 문득 '나는 여기까지 와서 무얼 하고 있나' 하는 생각이 들었던 참이었다. 그때 친구가 나를 광장으로 불렀다.

관광객들이 끊임없이 오가는 곳, 지어진 지 천 년은 족히 넘은 오래된 건물이 둘러싸고 있는 광장에서 커피를 마시다가 '할 수 있는 한 오래오래 이 하늘 아래 앉아 있어야겠구나' 하는 생각을 했다. 광장에서 만나자는 친구의 연락을 받은 이날부터 진짜 '바르셀로나살이'가 시작되었다. 알게 되는 광장이 늘어날수록 바르셀로나와 조금씩 더 친해졌다.

낯선 곳에서 그곳의 언어를 모른 채 단어를 접하게 되면 우리는 그 글자의 원래 뜻보다 소리 나는 모양에 따라 단어를 느끼게 되곤 한다. '산펠립네리 광장Plaça de Sant Felip Neri'이라는 이름을 접했을 때 나는 하늘에서 흩뿌리며 떨어져 날리는 꽃잎을 떠올렸다. 처음 이 광장에 갔을 때는 초봄이었는데 초록 잎을 달고 있는 커다란 나무 세 그루가 있었다. 그리고 늦은 봄날 이곳을 지나는데, 놀랍게도 샛노란 꽃잎이 끝없이 떨어지고 있었다. 그날부터 하루가 멀다 하고 광장을 들락거리며 나무에 달려 있던 꽃이 떨어져 광장 바닥을 노랗게 덮어 가는 모습을 지켜보았다.

'산펠립네리'는 실은 성인의 이름이다. 건물들로 둘러싸인 농구 코트 크기 정도의 작은 광장. 가운데 작은 분수대가 있으며, 가장자리에 성당이 있고, 학교와 카페가 있다. 미사 시간이 되면 성당의 철문이 열리고 신자들이 드나든다. 노란 조명이 커지는 밤이면 젊은이들이 광장 벽에 기대어 앉아 조용히 맥주를 마신다. 낮이나 밤이나 오가는 사람들이 많다.

이곳에 있는 작은 학교 이야기를 하지 않을 수 없다. 산펠립네리 학교. 늦은 오후 하교 시간이 되면 광장은 아이들과 아이들을 마중 나온 부모님들로 가득 찬다. 그때면 맑은 웃음소리가 벽을 튕기고, 광장에는 활기가 돈다. 하지만 이 학교에는 아픈 역사가 하나 있다. 1938년 스페인 내전 때, 이 광장으로 포탄이 떨어진다는 소식이 전해졌다고 한다. 당시 학교에는 스무 명의 학생들이 수업을 듣고 있었다. 선생님은 고민 끝에 바로 옆에 위치한 성당으로 아이들을 피신시키기로 한다. 전시

에도 종교 시설은 건드리지 않는 법이니까. 학교에서 성당까지는 불과 30m도 채 되지 않는 거리. 걸어서 1분도 걸리지 않는 그 짧은 거리를 걷는 동안 포탄이 터졌고, 학생들을 포함한 민간인 마흔두 명이 그 자리에서 희생당했다. 산펠립네리 광장을 둘러싸고 있는 성당과 학교 벽에는 포탄 자국이 그대로 남아 있다. '잊지 말자'는 마음으로 보수하지 않고 그대로 놔두었다고 한다. 그리고 구석에 그 사건을 설명한 작은 동판을 하나 두었다.

바르셀로나의 광장에서 흔하게 만날 수 있는 거리 악사들도 이곳에는 없다. 골목을 돌아 산펠립네리 광장에 들어서는 순간이면 나도 모르게 발걸음이 느려지며 숨을 죽이게 된다. 80여 년 전 이곳에서 희생당한 아이들이 떠오르면서 그와 동시에 피지 못하고 사그라진 우리나라의 수많은 다른 아이들이 연이어 떠오르기 때문이다. 노란 꽃잎이 바닥을 채우는 봄, 나는 산펠립네리 광장에서 많은 시간을 보냈다.

이 광장은 영화 〈향수〉의 중요 장면에 등장하기도 했다. 〈향수〉는 프랑스 영화지만, 중세 시대의 느낌이 가장 잘 살아 있는 곳이라는 이유로 바르셀로나에서 많은 분량을 찍었다고 한다. 그만큼 운치가 있는 곳이다. 우디 앨런 감독의 영화 〈비키 크리스티나 바르셀로나〉에 등장하는 카페도 있다. 보기만 해도 기분이 좋아지는 다양한 색깔의 천연 비누를 파는 가게도 있고, 친절한 아저씨가 운영하는 수제 아이스크림집도 있다. 떨어질 때마다 비누 가게에서 비누를 사서 쓰고, 제철 과일 아이스크림이 나올 때마다 아이스크림 가게에 들러 맛을 본다. 그러는 동안 산펠립네리 광장은 나의 일상에 천천히 스며들었다.

그리고, 며칠 전 친한 친구가 바르셀로나로 여행을 왔다. 나는 내내 정말 하고 싶었던 이야기를 그에게 건넨다.

"친구야, 산펠립네리 광장에서 만나자."

내가 얼마나 이 순간을 기다렸는지, 좁은 골목골목을 돌아 그곳까지 오며 그는 알아차릴 수 있을까.

오후 세 시의 바르셀로나

몇 년 전 한여름에 스페인 남부 지방을 자동차로 여행한 적이 있다. 발렌시아부터 그라나다, 세비야, 톨레도 등을 도는 일정이었다. 해가 뜨겁던 오후에 카디스*Cádiz*라는 작은 해변 도시에 도착했다. 40도에 육박하는 더운 날씨에 땀을 뻘뻘 흘리며 숙소를 찾으며 걷던 중이었는데, 어쩐지 조금 낯선 기분이 들었다. 도시 전체가 어색할 정도로 매우 조용했다. '어? 이거 뭐지?' 하고 주변을 둘러보니 거의 대부분의 가게가 아예 셔터를 내린 채 문이 닫혀 있었다. 카페는 물론이고, 슈퍼마켓, 그 외 대부분 상점들까지 모두 문을 닫았다. '대체 무슨 일이지? 이 도시에 무슨 일이 생긴 건가' 하다가 불현듯 떠오른 단어.

"아, 시에스타!"

말로만 듣던 '시에스타*Siesta*'인가 보다. 그렇지, 스페인 사람들은 낮에 서너 시간 정도 낮잠을 잔다고 했었지. 하지만 설마, 요즘 시대에, 같은 지구에, 게다가 다른 곳도 아닌 유럽에 아직도 그런 나라가 있다고? 옛날이야기가 아니라고? 24시간 영업하는 편의점과 카페가 동네마다 있는 한국에서 온 우리로서는 도무지 믿기 어려운 상황에 어리둥절해하다가, 곧장 매우 놀라운 장면을 목격하게 되었다.

사람들이 수영복에 티셔츠 한 장 걸친 차림으로 한쪽 어깨에 휴대용 의자를 걸고 다른 어깨에는 아이스박스를 메고 한 방향을 향해 걸어가고 있다.

"다들 바다에 가는 것 같아…."

"따라가 보자!"

우리는 홀린 듯 그들을 따라 걸었다. 두세 블록 지나니 정말 해변이었다. 해변의 사람들은 옷을 홀러덩 벗은 채로 손수 들고 온 비치용 의자를 펼치고 아이스박스에 넣어온 차가운 맥주를 꺼내 들고 도시락을 먹었다.

반팔, 반바지 차림에 운동화를 신고 있던 우리는 일단 주섬주섬 신발과 양말을 벗어들었다. 맨발로 그들 사이를 걷다가 조금 머쓱해져 버렸다. 해변에 우리 같은 복장은 아무도 없었다. 하다못해 비키니 상의를 입은 사람도 드물었으니까. 해변 구석에 자리를 잡고 앉았다.

'여기 모여 있는 사람들 다 동네 사람들일 텐데, 아줌마 아저씨 할머니 할아버지 소년 소녀 아이들 모두 서로 건너 아는 사이일 텐데, 이렇게 다 벗고 바다를 향해 드러누워 밥을 먹고 술을 마시고 낮잠을 자고 있네.'

살이 두툼히 접히는 뱃살을 흔들면서도 까르륵 웃는 아주머니들이 사랑스러웠다. 하늘을 향해 커다란 배를 들이밀고 수박을 먹는 아저씨들이 귀여웠다. 옆집 아저씨, 앞집 아가씨와 공유하는 동네 바닷가에서 웃옷을 홀렁홀렁 벗어버릴 수 있는 자연스러움이 몹시 부러웠다. 그들 속에 섞이지 못하고 바라만보다가 조용히 일어나 엉덩이의 모래를 털며 돌아 나왔다. 그들의 좋은 오후를 방해하고 싶지 않다고, 평범한 일상에 끼어들고 싶지 않다고, 이야기하며 해변을 뒤로하고 걸어 나왔지만 사실은 아는 사람이 한 명도 없는 곳이었음에도 웃옷을 벗고 누워 있을 용기가 나지 않았다. 우리는 고작해야 신발이나 벗어 들었을 뿐이었다. 조금 시무룩해졌다. 숙소 찾던 걸 그만 두고 카디스를 떠났다.

그날, 나도 앞으로 시에스타가 있는 삶을 살아야겠다고 다짐했던 것

같다. 옆집 아저씨와 뒷집 할머니, 그리고 아랫집 아가씨가 서로의 몸매를 흘깃거리지 않고 드러누워 편한 시간을 보낼 수 있는 이런 천국에 살지는 못하겠지만, 적어도 시에스타가 있는 삶은 살아야겠다. 그날을 위해 일단 접이식 의자를 하나 사야겠다고도 결심했다.

바르셀로나는 남부 지방만큼 시에스타가 철저하지는 않은 편이다. 그렇다고 모든 가게들이 쉬는 시간 없이 하루 종일 운영을 하냐 하면 그건 아니다. 대부분의 개인 상점은 10시에서 11시경에 문을 열고 7시에서 8시 사이에 영업을 마친다. 그리고 오후 2시경에서 5시경에 잠깐 문을 닫는다. 아예 셔터를 내려버린다. 그 사이 2시간 반 정도 시간 동안 바르셀로나 사람들은 시에스타를 즐긴다기보다 점심을 먹는다. 아주 천천히 전식, 본식, 후식으로 구성된 10유로 초반의 '메뉴 델 디아(*Menu del dia*, 오늘의 메뉴)'를 먹고, 커피를 마시고 수다를 떤 후, 다시 셔터를 올린다.

많은 여행자들이 부지런히 점심을 먹은 다음, '자, 이제부터 쇼핑을 좀 해볼까' 하고, 오후 두세 시쯤 길을 나선다. 하지만 그 시간, 대부분의 상점은 셔터를 내린 상태. 골목마다 있는 카페에서 맥주를 앞에 누고 앉아 있는 동네 사람들이나 만나게 될 뿐이다. 약국도 닫고, 시장도 슈퍼마켓도 닫는다. 여행객들에게는 조금 섭섭한 시간이지만 나는 오후 세 시의 바르셀로나가 가장 스페인 다운 시간인 것 같다. 다 같이, 쉬는 시간.

일요일도 마찬가지. 거의 대부분 가게가 문을 닫는다. 시에스타 시간보다 더 심하다. 대형 마트는 물론 보케리아 시장 등 유명 재래시장들, 백화점이나 대형 브랜드 매장들, 아웃렛이나, 약국이나 담배가게 모

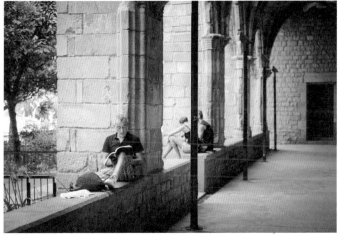

0142

두 열지 않는다. 작은 카페나 소규모 식당들 역시 일요일 영업을 하지 않는 경우가 많다. 다행히 관광객을 대상으로 하는 레스토랑이나 카페, 타파스 바, 스타벅스 같은 체인점은 일요일에도 문을 연다.

여행객들 입장에서는 여간 당황스러운 일이 아니다. 대부분이 바르셀로나 일정을 사흘, 길어봐야 너댓새 정도 잡고 여행을 하는데, 중간에 일요일이 끼면 일정이 꼬인다. 그래서 일요일에는 가우디 투어를 하거나 근교 몬세라트*Montserrat*와 시체스*Sitges*에 가거나 미술관에 가기도 한다. 살고 있는 사람 입장에서도 불편한 점이 한두 개가 아니다. 시장은 토요일 전에 무조건 다녀와야 한다. 주말에 쉬는 친구와 겨우 약속을 잡아도 내가 좋아하는 카페들은 모조리 문을 닫으니 갈 곳이 줄어 아쉽다.

일요일이면 연인끼리 가족끼리 친구끼리 나온 사람들로 시내가 붐빈다. 문을 연 바는 어김없이 사람들로 가득하다. 우리 생각대로라면 '일요일에 문을 열면 장사가 더 잘 될 텐데, 일주일 내내 일하기 힘들다면 아르바이트를 뽑아서 영업을 하면 될 텐데' 싶지만 이들은 그렇게 하지 않는다. 도대체 왜 그러는지 궁금했다. 누구라도 붙잡고 물어보고 싶었다. 바르셀로나에서 일요일을 백 번쯤 보내고 나서야 알았다. 묻지 않아도 알았다. 물을 필요가 없다. 그들은 이렇게 대답하겠지.

"일요일이잖아요."

그의
시선

맥주와 하몬

며칠 전, 아내와 농담처럼 우리의 바르셀로나 생활을 구성하는 것들에 대해, 이곳 생활의 지분에 대해 이야기를 나눴다.

"내 바르셀로나 생활의 2할, 아니 2.5할은 호프만이야. 크루아상과 요리학교가 빠지면 이야기가 안 될 것 같아."

"나는 날씨가 20%, 수영장이 10%, 커피가 15% 정도 될 것 같네. 핌팜 버거는 몇 퍼센트 정도 될까?"

"최소 5%는 줘야지. 아, 난 카냐가 15%쯤 되는 것 같아."

두서없고 즉흥적인 대화였지만 먹고 마시는 것이 절반 이상의 지분을 차지한다는 것이 살짝 부끄러웠고, 이곳을 떠나면 내 삶에서 카냐가 없어질 거란 사실이 새삼 절망스러웠다. 카냐Caña는 스페인어로 생맥주를 뜻한다. 실은 200cc 정도 되는 작은 컵을 말하는데, 이 컵에 마시는 맥주가 대부분 생맥주이다 보니 보통의 경우 "카냐 한 잔 주세요Una caña por favor"라고 이야기하면 생맥주를 준다. 체감상 스페인에서 카냐는 술보다는 음료의 범주에 속한다. 바나 음식점뿐만 아니라 거의 대부분의 카페에서 카냐를 팔고, 사람들은 시간에 구애받지 않고 카냐를 마신다. 아침에 커피를 마시러 카페에 갔는데 옆 자리에서 누군가 카냐를 마시고 있다면 그건 그가 술꾼이기 때문이 아니라 그냥 바르셀로나 사람이기 때문이다. 가격도 매우 저렴하다. 보통 1.5유로에서 2유로 초반 정도이며, 안주를 따로 시킬 의무가 없기 때문에 정말 부담 없이 먹을 수 있다. 인심 좋은 지방에서는 카냐를 시키면 작은 안주 하나를 내어주기도 한다. 소비량이 많아서 그런지 선도도 대단히 좋은 편인데, 흔히 신선한 맥주의 상징처럼 거론되는 '엔젤링'을 대부분의 카냐에서 만날 수 있다.

개인적으로 가장 선호하는 브랜드는 에스트레야 갈리시아Estrella Galicia로 쌉쌀하면서도 진한 황금빛 라거의 정석을 맛볼 수 있다. 원래 북부지방 맥주이기 때문에 판매하는 곳이 많지는 않지만, 왕의 광장 근처에서 찾아볼 수 있다. 기

탈루냐 최대의 판매량을 자랑하는 에스트레야 담*Estrella Damm*은 메이저답게 무난하면서도 거스름 없는 맛이 좋고, 아예 양조장이 바르셀로나 구시가지에 자리 잡고 있는 모리츠*Moritz*는 시트러스향이 느껴지는 청량감이 좋아 여름철에 특히 권하는 맥주다.

가벼운 안줏거리가 필요하다면 하몬*Jamón*이 올라간 핀초*Pincho*를 함께 먹어도 좋다. 하몬은 스페인을 대표하는 식재료지만 의외로 여행자들의 평이 부정적일 때가 많은데, 안타깝게도 이는 하몬을 잘못 골랐을 경우가 대부분이다. 경험적으로 하몬은 크게 호오가 나뉘는 식재료가 아니다. 불에 익히지 않은 고기 특유의 퀴퀴함이 없다고 할 수는 없지만, 그걸 아득히 뛰어넘는 풍미와 감칠맛이 있기 때문이다. 하몬은 크게 하몬 세라노*Jamón serrano*와 하몬 이베리코*Jamón Ibérico*로 나뉘는데, 가급적 이베리코를 권한다. 이베리코는 스페인의 흑돼지 품종으로, 세라노에 비해 비싸긴 하지만 확연한 맛의 차이가 있다. 호프만 요리학교의 셰프 중 한 명은 자신의 SNS에 하몬 사진을 올릴 때마다 "하몬 세라노를 매일 먹느니, 이베리코를 열흘에 한 번 먹겠다"라는 멘트를 덧붙이는데, 조금 허세스럽긴 하지만 충분히 공감할 수 있는 부분이다. 맛있는 와인 한 잔에 하몬 몇 조각 혹은 시원한 생맥주 한 잔에 히몬이 올라긴 핀초 하나는 스페인에서의 삶을 훨씬 행복하게 해주는 것 중 하나다. 조금 더 고급스러운 하몬을 맛보고 싶다면, 베요타*Bellota*라는 단어를 기억해두면 좋다. '도토리'라는 뜻인데 이베리코 중에서도 도토리만 먹여 키운 놈으로 만든 하몬을 '하몬 이베리코 데 베요타*Jamón Ibérico de Bellota*'라고 부른다. 최고급 식재료인 만큼 가격은 꽤 비싼 편이지만, 사실 다리 하나를 통째로 사는 게 아니라 안주로 조금씩 먹을 때는 몇 유로 차이에 불과하다.

카냐와 하몬을 먹기 좋은 곳

- ### *El Xampanyet*
  보른 지구에 뒤치한 엘 샴피넷은 언제나 손님이 가득한 타파스바다. 타파스는 대부분
  서서 먹는 문화이니 남는 의자가 없어도 홀에 들어가 적당히 자리를 잡으면 된다. 무척
  신선한 생맥주와 정말로 맛있는 하몬 핀초를 맛볼 수 있다. 가격도 비싸지 않아 맥주
  한 잔에 핀초 두 개를 먹으면 따 5유로가 나온다!
  <u>주소</u> Carrer de Montcada, 22, 08003 Barcelona

- ### *Fàbrica Moritz Barcelona*
  모리츠 맥주의 양조장이자 거대한 펍이다. 세계적인 건축가 장 누벨이 리노베이션을
  하여 대단히 현대적인 감각으로 꾸며져 있다. 지하가 양조장이니 맥주의 선도야
  두말할 필요가 없고, 다양한 안주를 비싸지 않은 가격에 맛볼 수 있다. 특히
  비어캔치킨*Picanton a la Moritz*은 강력 추천한다.
  <u>주소</u> Ronda de Sant Antoni, 39 - 41, 08011 Barcelona

하루 종일
날씨 이야기만 할까?

3

내 꿈은 따뜻한 현지인

우리 집 바로 아래에는 유명한 수제 햄버거집이 있다. 그래서 여러 나라 관광객들이 낮이고 밤이고 찾아와 늘 시끄러운 편이다. 오래된 건물이라 방음이 거의 안 되기 때문에 거리의 말소리가 죄다 들린다. 동생이 지나다 헛기침만 해도, 나는 창문을 열고 "햄버거 먹으러 왔니?" 인사를 건넬 정도.

어느 날 낮 12시쯤, 거실에 앉아 있는데 골목에서 한국말이 들린다.

"아직 문 안 열었나?"

"오늘 안 하나 봐."

나는 또 못 참고 엉덩이가 들썩들썩한다.

"또 말해주려고 하는 거지. 하지 마. 참아."

"아악, 말해주고 싶다."

남편이 말리는데도 거실을 서성이며 초조해하다가 결국 못 참고 4층 창문을 열고 외쳤다.

"핌팜*PimPam* 이따 한 시에 열어요오오오오."

골목에서 서성대던 한국 여행자들이 놀라 두리번거린다.

"헐, 방금 들었지? 한 시에 연대."

남의 일에 관심이 없는 편이라고 생각했다. 그런 줄 알았다. 그런데 언제부턴가 오지랖이 넓어졌다. 생각해보면 남미에서부터 시작된 것 같다. 여행 길 위에서 내가 딱 한 걸음만 적극적이면 상대는 두 걸음 다가왔다. 지나다 아이를 만나 옆에 앉아 말을 걸면, 아이는 친구의 친구까지 데려와 우리랑 함께 놀았고, 그 시간은 언제나 틀림없이 즐거웠다. 고양이를 만나 따라가면 늘 예쁜 풍경이 있었다. "한국인이세요?" 한마디 말을 건네면 우리는 여행 동무가 되었다. 그 마법이 정말 좋았다. 그래서 종종, 바르셀로나를 찾는 여행자들에게 나도 같은 마법을 걸고 싶은 충동에 사로잡힌다.

거리에서 지도나 휴대폰을 들고 길을 찾고 있는 한국인 여행객을 만나면 나는 몹시 신경 쓰여 계속 흘끔거린다. '어디를 찾는 거지, 내가 아는 곳일 거 같은데, 가서 도와줄까.' 한걸음 다가갔다가 다시 뒷걸음질을 친다. '에이 알아서 하겠지.' 다가가 말을 걸면 될 걸 머뭇거리는 이유는, 여러 번의 경험 때문이다.

"어디 찾으세요?"

한국어로 물으면 아무 대답을 하지 않고 일행의 얼굴을 쳐다보며 당황하는 사람들이 꽤 있었다. 눈빛에 경계심을 가득 담은 채.

"아, 저 여기 사는 사람인데, 길을 알려드리려고요."

그렇게 말을 건네고 싶지만, 거리를 두고 바라보는 눈빛에 나도 그만 위축되어 얼버무리며 가던 길을 간 적이 여러 번이다. 이상한 사람 아니라고 하면 더 이상해 보일 것 같아서.

오늘도 머뭇거리다 따뜻한 현지인이 될 기회를 놓쳤다. 지난 여행길에 내가 받았던 친절과 선의를 돌려줄 기회를 놓쳤다. 너무나 아쉬워 투덜거리는 중이다. 도와주지 못한 것에 대해 변명하는 중이다. 그래도 나서서 도와줄걸, 후회하는 중이다.

그곳이 너를 위로할지도 몰라

어디에 살든 간에 한숨 돌리고 쉴 수 있는 장소를 찾는 버릇이 있다. 어쩌면 본능인 것 같다. 어느 곳에서든 '산다'는 것은 일상이고 매일 일상을 살다 보면 잠시 멀찍이 떠나 있고 싶어지기 마련이니까. 다행히 바르셀로나에서도 그런 곳을 찾았다. 마음을 털어놓을 수 있는 친구가 생긴 것만큼 즐거운 일이다.

부산에서 보낸 학창 시절, 도대체 왜 공부를 해야 하는지 잘 모르겠다는 생각이 드는 날이면 교복 바람으로 송정 바닷가에 가서 달빛이 비친 바다를 향해 쪼그리고 앉아 있곤 했다. 바다를 향해서는 교복 치마를 입고도 아무렇게나 앉아도 되어 좋았다. 모래 위에 나무 막대기로 괜히 아무 글씨나 써대곤 했는데, 그러다 보면 힘이 나서 다시 다음 날을 살 수 있었다.

서울에 살 때는 고창 선운사로 갔다. 회사 일이 힘들거나 연애가 어려워 마음이 전쟁을 치를 때면 그곳에 가서 템플스테이를 했다. 절에서 나누어주는 옷을 입고 작은 방에 머물면서, 저녁 일찍 자고 이른 아침에 일어났다. 낮 동안은 찻물을 길어오거나 주방에서 설거지를 했고 세 끼 고기반찬이 없는 절 밥을 먹었다. 커피가 마시고 싶어지면 차를 마셨다. 휴대폰은 아주 가끔 열어보았다. 그러다 보면 복잡한 서울의 일들이 모두 별일 아닌 것 같아졌다. 제주에 살 때는 백약이 오름에 갔다. 푸른 제주가 내려다보이는 오름 꼭대기에서 바람을 맞으며 앉아 있자면 어김없이 기분이 좋아졌다.

온전히 마음을 내려놓을 수 있으려면 몇 가지 조건을 충족시켜야 한다. 사람이 많지 않을 것. 너무 가깝지도 멀지도 않을 것. 바르셀로나에서도 그런 곳을 하나 찾았다. '콜로니아 구엘Colònia Güell'. 가우디의 후원자 구엘이 120여 년 전 조성한 공장 단지로, 시내에서 기차로 20분 정도 거리에 있다. 입구에는 붉은 벽돌로 지어진 직물 공장이 있는데 지금은 운영되지 않는다. 공장을 지나 마을로 들어서면 집들이 얌전히 자리하고 있다. 그리고 마을 안쪽에 작은 성당이 있다. 지하만 짓고 공사가 중단되어 대성전은 없는 성당. 바르셀로나를 대표하는 건축가 가우디가 설계하고 지었다. 사그라다 파밀리아를 짓기 전 이곳의 성당을 지으며 많은 실험적 시도를 했다고 전해진다. 가우디의 명성 덕분에 가이드북에도 실려 있는 곳이지만 대부분의 여행객들이 일부러 찾아가지는 않는 곳이기도 하다. 시내에서 떨어져 있는 데다가 막상 가보면 성당 외엔 특별히 볼 게 없는 탓이다.

몇 년 전 스페인을 여행하던 중 처음 들르게 된 이곳을 보자마자 한눈에 반했다. 조용한 성당과 그보다 더 조용한 마을이 마음에 들었다. 한가로운 공기는 내가 바쁜 여행객임을 잊게 해주었다. 주민도 관광객도 별로 눈에 띄지 않는, 19세기에서 그만 시간이 멈춘 듯한 작은 동네를 걷다가 '여기 살아도 좋겠네' 생각했다. 그러고 나서 한참을 잊고 지냈다.

가족을 한국에 두고 외국살이를 하는 자식들에게는 차마 입 밖으로 꺼내지 못하는 걱정이 하나씩 있다. 마음 한편에 꽁꽁 묻어두고 모른 척하며 살지만, 어떤 밤은 그 때문에 밤새 뒤척거리기도 한다. 상상조차 하고 싶지 않은 일, 하지만 우리 모두에게 있을 수 있는 그 일이 친구에

게 일어났다. 집에서 온 비보에 급히 한국행 비행기를 끊고 열몇 시간을 날아 그는 한국으로 갔다. 비행기에 홀로 앉아 보냈을, 길고 외로운 시간을 나는 감히 가늠할 수가 없다.

몇 주 후 다시 돌아온 친구는 조금 수척해 있었고, 예전보다 조금 덜 웃었다. 그리고 잠이 오지 않는다고 했다. 위로할 방법을 잘 모르겠다고 생각했다. 다만 혼자 두지 않는 게 좋을 것 같았다. 자꾸 연락을 했다.

"밥 먹자." "어디 갈까?"

내가 할 수 있는 건 겨우 그 정도였다. 그러다가 날씨가 몹시 좋던 날, 문득 그에게 말했다.

"콜로니아 구엘에 가자."

초행길은 아니었지만 워낙 길치라 길을 헤맬지도 모르겠다고 생각했는데 역에 도착하니 가는 방향이 잘 표시되어 있어 화살표를 따라 걷기만 하면 되었다. 공장을 지나 마을을 가로 질러 우선 성당으로 향했다. 유난히 햇살이 밝은 날이라 성당으로 한 걸음 들어서니 커튼을 친 듯 순식간에 시야가 어두워지고 동시에 마음이 차분해진다. 성당에는 일본인 관광객 몇 명이 있었는데, 그들은 띄엄띄엄 떨어져 앉아 조용히 그림을 그리거나 글을 끄적이고 있었다.

친구는 예수님 십자가 앞으로 천천히 걸어가더니 작은 의자에 조용히 앉는다. 그리고 자꾸 손을 얼굴로 가져가 눈가를 훔쳤다. 잠시 혼자 둬야겠다 싶어 멀찌감치 떨어져 성당 가장자리 벽을 따라 걸었다. 그러다 열려 있는 스테인드글라스 창문 앞 기둥에 기대섰다. '창 모양이 꼭

나비 같다'는 생각을 하고 있는데, 성당 관리인이 다가와 낮은 목소리로 속삭였다.

"이렇게 쇠줄을 당겨서 창을 여는 거예요. 한번 해봐요."

그가 시키는 대로 쇠줄을 당겨 창을 열었다가 다시 닫았다. 나비 날개가 활짝 펼쳐졌다가 접힌다. '어라, 재밌네.' 순간 밝아지는 내 표정에 관리인 아저씨의 어깨가 쑥 올라간다.

건축가 가우디는 바르셀로나에 많은 건축물을 남겼다. 사그라다 파밀리아에는 그의 모든 인생을 담았고, 구엘 공원에는 그의 순수했던 어린 시절을 담은 것 같다고 혼자 생각하곤 했는데, 이 성당은 어쩌면 그의 일기장이었던 것 같다. 성당에 머무는 내내 그의 마음속 깊은 곳에 앉아 있는 것 같다는 생각이 들었다. 그 마음속이 되게 아늑했다.

성당을 나와 마을을 걸었다. 하나같이 빈 집인 것처럼 보였지만 창가에 꽃 화분이 나와 있는 걸로 보아 다 사람이 살고 있는 듯하다. 이 작고 외딴 마을에는 어떤 사람들이 살까. 궁금해하던 차, 마침 건너편 이층집에서 아저씨가 개를 끌고 나온다. 개에게 말을 거는 척하며 슬쩍 이야기를 건넸다.

"여기 사세요?"

"네, 저 집에 살지요. 이 마을 정말 조용하죠?"

"네, 그래서 좋네요."

광장 한쪽 카페 야외 테이블에 앉아 맥주를 한 잔씩 시켰다. 술과 커피만 파는 작은 카페였는데, 생맥주를 시키니 하얗게 살얼음이 낀 잔을 냉동실에서 꺼내 맥주를 따라준다. 그 맛이 정말 좋아서 얼른 마시고 한

잔 더 시켰다. 쓰던 잔을 다시 건네자 새 잔을 꺼내 맥주를 따라주었다. 머리를 대충 묶어 올린 여인이 밝게 웃으며 말한다.

"맥주는 잔까지 차가워야 제맛이죠."

그러는 사이 광장 건너편 집에서 허리가 구부정한 할머니 한 분이 대문을 열고 나오셨다. 아, 저 집에는 저 할머니가 사시는구나.

여행을 하다 마음에 드는 동네를 만나면 나도 모르게 저 집에는 어떤 사람들이 살지 상상해보곤 한다. 그러다가 우연히 그 집 문을 열고 나오는 사람을 목격하면 마음이 조금 두근거린다. 어쩐지 그 동네와 이 집, 저 사람과 친해진 것 같은 기분이 드니까. '또 와야지' 하는 생각을 하고 있는데, 친구가 말했다.

"고향에 온 것 같아요. 어린 시절에 시골에서 살았는데, 거기 온 것 같아요."

그리고 덧붙였다.

"언니, 바르셀로나에 오고 나서 손에 꼽게 오늘이 좋아요."

"그래."

툭 대답을 던지고는 다행이라고 생각했다.

슬플 때 웃겨줘야 하는지, 아니면 충분히 슬퍼하도록 내버려둬야 하는지, 나는 이 나이가 되어서도 아직 모르겠다. 이런 경우 어떤 말이 위로가 될지도 아무리 생각해도 잘 모르겠다. 그는 성당에 앉아 조금 더 울었고, 한결 개운해진 얼굴로 마을길을 거닐다 이곳이 참 좋다고 말하며 웃었다. 그에게 좋은 친구를 한 명 소개해준 것 같은 기분이 들어 마음이 조금 놓였다.

간혹 이곳을 좋아할 것 같은 여행객을 만나면 조용히 추천하곤 한다. 콜로니아 구엘에 가보라고. 왕복 한 시간이 걸리는 그곳에 가면 가우디가 짓다 만 아주 작은 성당이 하나 있다고. 그리고 그것 외에는 정말 아무것도 없다고.

28

하루 종일 날씨 이야기만 할까?

　'기한을 정해두고 사는 것'은 지금 눈앞에 있는 것을 미리 그리워하는 일이다. 좋은 것을 만나면 "우와, 좋다" 하며 동시에 "이 순간이 정말 그립겠지" 하게 되는 것이다. 세상에 이만큼 좋고 또 이만큼 지독한 일이 있을까.

　"바르셀로나를 떠나면 뭐가 가장 그리울까?"

　"하늘."

　이건 거의 정답에 가깝다.

　스페인어로 '커피를 마시다'는 'Tomar el cafe', '햇볕을 쬐다'는 'Tomar el sol'. 모두 같은 동사를 쓴다. Tomar. 마시다. 바르셀로나에서

는 커피를 마시는 일과 햇볕을 마시는 일이 다르지 않다. 누구를 만나
도 카페테라스에 앉아서 "아 날씨 좋다. 날씨 좋다." 똑같은 말만 주고
받으며 몇 시간을 보낸다. 날씨 이야기는 하루 종일 해도 하나도 지겹
지 않다.

　얼굴에 뾰루지가 났거나, 허리춤에 군살이 좀 붙는다든가, 누가 집
을 샀다든가 하는 일들은 이 파란 하늘 아래서는 아무 일도 아니다. 나
와 너와 우리 사이에 햇볕이 있고 바람이 있다. 그러니 우리는 시는 이
야기를 하는 대신에 날씨 이야기를 한다. 지금 이 순간 머리 위에 펼쳐
진 것만 바라본다.

"이곳에 사는 동안 평생 볼 파란 하늘을 다 보겠구나."

"아무리 우울한 날도, 일단 집 밖으로 나오면 기분이 좋아져."

"밖으로 나가는 순간 살균되는 기분이 들지."

"아니, 하늘이 뭐 이렇게까지 파랗고 난리야?"

"아, 날씨 조오오타아아아!!!"

2

인간 탑 쌓기

'인간 탑 쌓기'를 처음 본 날, 카탈루냐의 유명한 전통행사가 있다는 이야기만 듣고 하우메 광장*Plaça Sant Jaume*으로 달려갔다가 보는 내내 자꾸 눈물이 쏟아질 것 같아 꾹 참느라 콧구멍이 벌렁거렸다. 햇살이 좋은 날이었다. 환한 대낮에 인간 탑 쌓기를 보며 우는 사람은 아무래도 이 광장에서 나뿐일 것 같았다. 흐르는 눈물을 필사적으로 막아내느라 콧구멍이 사정없이 벌렁거렸다. 그런데, 내 바로 뒤에 서 있던 아저씨 한 명이 훌쩍거리고 있는 것이 아닌가! 그도 콧구멍에 잔뜩 힘을 주고 있었지만, 그만 곁에 함께 있던 가족들한테 눈물을 들켜 놀림을 받았다. 하지만 깔깔 웃으며 놀리는 그들도 조금씩 눈시울이 붉어지는 것 같았다. 그 틈에서 나도 울다 웃다 했다. 그리고 울고 웃는 우리 앞으로 인간 탑이 올라갔다 내려갔다 한다. 땀을 비 오듯 쏟으며 탑을 쌓는 그들도 역시나 울고 웃고 있었다. 하늘이 열려 있는 광장에 뜨거운 열기가 가득 찼다. 흐르는 눈물을 그냥 두었다.

나는 맨 바닥 위에 맨몸으로 탑을 쌓는 이 사람들을 볼 때마다 생각

한다. 이 사람들은 대체 무엇이 이토록 간절한 걸까.

인간 탑 쌓기는 카탈루냐 지방의 전통문화 중 하나로 문자 그대로 사람이 사람의 어깨를 발로 밟고 올라가서 탑을 쌓는 행사다. 스페인어로는 '카스텔Castells'이라고 하는데, '성'이라는 뜻이다. 순전히 사람에 의해 사람으로만 쌓아 올려지는 이 성은 보통 6층에서 10층의 구조를 가지고 건물 높이로는 약 4층 수준이다. 세상에 여러 형태의 성이 존재하듯, 인간 탑 쌓기 또한 아주 다양한 방법으로 진행되는데 어느 것이나 그 모양새는 위태롭다.

아래쪽을 지지하는 사람들은 엄청난 하중을 온몸으로 견뎌야 하고, 탑 위쪽으로 올라가는 사람들은 어떠한 안전장치도 없이 맨손으로 등반 아닌 등반을 해야 한다. 늘 부상과 사고 위험이 뒤따르지만 인간 탑 쌓기는 어디까지나 평범한 시민들에 의해, 프로가 아닌 순수한 아마추어들의 열정으로 진행되는 행사다. 탑의 정상에는 언제나 대여섯 살의 어린아이가 올라가며, 가문의 영광으로 여겨진다고 한다.

우리나라에 동네마다 조기축구팀이 있는 것처럼 바르셀로나에는 동네마다 인간 탑 쌓기 팀이 있다. 아주 어린아이들부터 백발이 풍성한 노인들까지 구성원의 연령대는 아주 다양하고, 모두 같은 색상의 셔츠를 맞춰 입는다. 사신들의 지역을 대표하는 색상의 유니폼은 언제 보아도 늘 색이 바래 있는데, 선배들로부터 계속해서 물려 입기 때문이라고 한다. 선배들의 땀이 그대로 배어 있는 옷이 그네들을 거쳐 또나시 후대에게 전해지는 모습을 상상해보자면, 인간 탑 쌓기는 사람뿐만 아니라 시간을 켜켜이 쌓아가는 것 같기도 하다. '카스테예르스Castellers'라고

불리는 참가자들은 유니폼 외에도 검은 허리띠와 흰 점무늬가 있는 손수건을 꼭 착용한다. 허리띠는 아래에 위치한 사람들의 허리를 보호하고, 또 올라가는 사람들의 받침대가 되어주며, 손수건은 두건이 되거나 이를 악물기 위해 사용된다.

탑 쌓기가 언제나 성공하는 것은 아니라서, 중간에 탑이 흔들리기 시작하면 순식간에 무너져 내리기도 한다. 맨 아래층을 단단히 받치고 있던 사람들 등 위로 우르르 사람들이 겹쳐 떨어진다. 그때마다 우리는 누구 다친 사람은 없는지 가슴을 졸인다. 안전이 가장 중요하기 때문에 탑을 쌓는 중간에라도 위험하다 싶으면 언제라도 오르기를 멈춘다. 맨 꼭대기에 올라가는 어린아이가 꼭대기에 도착해 손을 번쩍 들면 탑을 다 쌓았다는 신호인데, 그 순간 숨죽여 지켜보던 관광객들은 박수와 함께 환호성을 내지른다. 그때 카탈루냐 사람들은 단호하게 "쉿"을 외치며 주변을 조용히 시킨다. 완전히 내려올 때까지 조용히 집중해야 하기 때문이다. 마지막 층까지 다시 모두 안전하게 내려온 후, 그때서야 사람들은 마음을 놓고 함성을 보낸다.

탑 쌓기에 성공하고 서로 하이파이브를 나누는 사람들의 얼굴을 볼 때면 나는 또 눈물이 날 것 같아서 괜히 눈을 깜빡거려야 한다. 백발이 성성한 할아버지, 허리가 구부러진 할머니, 근육이 단단한 청년, 머리를 야무지게 묶어 올린 젊은 여성, 꼭대기에 올라갔다 내려온 아주 어린 여자아이 모두 환하게 웃는다. 어른들이 이만큼 환하게 웃는 모습을 나는 어디서도 잘 보지 못한 것 같다. 어른의 그런 표정은 어쩐지 사람을 눈물 나게 하는 데가 있다.

탑이 올라갈 때는 마치 태평소와도 비슷한, 위대롭고 기녀린 선율의 피리 소리가 울려 퍼진다. 바르셀로나를 여행하다가 어디선가 피리 소리가 들린다면 가던 길을 멈추고 소리를 쫓아가보자. 어쩌면 나처럼 콧구멍을 벌렁거리게 될지도.

2 2

각자의 여행

나보다 스물두 살이 더 많은 친구와 저녁을 함께 했다. 우리는 그 친구를 선생님의 줄임말인 '쌤'이라고 부른다. 쌤은 우리 부부와 같은 클래스에서 함께 사진을 배운 친구다. 우리 반은 제일 나이 많은 사람과 가장 어린 사람의 나이 차이가 스물세 살이나 났지만 수업 땐 모두 친구였다. 지나고 보니 놀라운 모임이었다. 어리다고 부려먹지 않았으며, 나이 많다고 따돌리지도 않았다. 모두 함께 공평하게 친구였던 6개월의 시간. 쌤은 그 시간에 함께 있었다.

내가 기억하는 쌤의 가장 인상적인 순간은, 언젠가 다 같이 저녁을 먹던 날의 모습이었다. 누군가를 축하하기 위해 수십 명이 모인 자리였다. 보통 이럴 때, 우리나라는 축하받는 사람이 계산을 해야 하는 분위기가 만들어지곤 한다. 하지만 수십 명의 식사와 술값을 계산하는 건 누구에게도 쉽지 않다. 우리는 대부분 넉넉한 형편이 아니었고, 축하받는 사람도 마찬가지였다. 십시일반 나눠서 내야겠다 싶어 우리는 마음속으로 각자의 밥값을 가늠해보고 있었다. 그때, 쌤이 먼저 집에 가야 한다고 일어나셨다. 나중에 듣기로 쌤은 나가시며 그날의 식사비용을 모두 계산하고 가셨다고 한다.

그날 결심했던 것 같다. 저런 어른이 되어야지. 그러기 위해서는 우선 부자가 되어야겠지만, 돈이 많다고 누구나 다 할 수 있는 일은 아니란 걸 알고 있다. 그때부터 나는 쌤을 좋은 어른이라고 생각했다.

쌤은 우리에게 부담을 줄까 봐 미리 연락도 안 하고 바르셀로나에 오셨다. 민박집 도미토리를 예약하고 왔다는 쌤은 어제 도착하셨는데, 내일 첫 비행기로 니스를 간다고 했다. 그리고 밤 비행기로 다시 바르셀로나로 돌아올 예정이라고. 아니 왜 니스를 당일치기로?

바르셀로나에 오기 전에 프랑스 남부를 여행했는데, 일주일 전, 니스 벼룩시장에서 본 20유로짜리 그림이 계속 눈앞에 아른거리고 마음에 남는다고 했다. 지난 일주일간의 여행은 그 그림 때문에 내내 정신이 흐렸다고도 했다. 그림을 놓치고도 이 마음인데, 만일 30년 전 지금의 남편을 놓쳤으면 지난날들을 어떻게 살았을지 모르겠다는 생각까지 들어버린 아침에는 눈물도 났다고 했다. 그래서 그림을 잡으러 가야겠다는 거였다. 거리 벼룩시장이라 내일은 장이 서지 않을 수도 있고, 그 가게가 나오지 않을 수도 있다. 그리고 그 그림이 이미 팔렸을 수도 있다. 하지만 그럼에도 불구하고 가봐야 할 것 같다고 했다.

대체 어떤 그림인지 궁금해졌다. 작은 사이즈의 노란 정물화였는데 한눈에 반했단다. "이 그림은 멀리서 보셔야 해요"라는 가게 주인의 설명에 따라 한 발자국 멀리서 봤고, 한 번 더 반했다고 했다. 나는 쌤의 설명만으로도 이미 그 그림을 본 것 같았다. 그래도 꼭 실물로 볼 수 있으면 좋겠다. 설사 그렇지 못하더라도, 이 여행은 좋은 여행이다. 그림을 다시 만나든 만나지 못하든 좋은 여행일 게 분명한 여행. 이미 좋은 여행.

쌤과 헤어져 집에 돌아오는 길, 우리는 또 이야기를 시작했다.

"뭐가 마음에 들면 우리는 그렇게 할 수 있을까."

"이건 돈이 많고 적고의 문제가 아니야."

"정신의 문제인가."

"나는 못할 것 같아."

"나는… 잘 모르겠다."

쌤의 니스 여행에 동행하고 싶은 충동이 밤새 들었지만 비행기표를 검색해보는 것에 그쳤다. 잡다한 생각에 매여 좋은 여행이 분명할 여행을 놓쳤다.

가이드 일을 하다 보니 많은 여행자들을 만나게 된다. 그리고 대부분 비슷한 질문을 한다.

"파에야 맛있는 식당 추천해주세요."

"여기 유명한 전통 신발이 있다던데 가게 위치가 어디예요?"

"한국에 선물은 뭐 사가죠?"

"국화 꿀차는 어디 가면 팔아요?"

"상점들이 문을 열지 않는 일요일엔 어디를 가면 좋을까요?"

모두가 비슷한 여행을 하게 되는 데는 다 이유가 있다. 짧은 휴가 일정과 한정된 예산 안에서 실패하고 싶지 않기 때문이다. 그래서 바르셀로나처럼 크지 않은 도시에서는 쉽게 똑같은 여행을 하게 되기도 한다. 누군가의 여행지에 살다 보니 그런 것을 목격할 때마다 아쉽다. 모두에게 기억되는 바르셀로나의 모습은 더 달랐으면 좋겠다는 생각이 들었다. 그러면 여행도 세상도 좀 더 재밌을 테니까.

막상 나도 낯선 도시에 갈 때는 마찬가지다. 얼마 전 2박 3일간 포르투갈의 포르투로 여행을 다녀왔는데, 한 끼도 실패하지 않겠다는 마음으로 지인들의 추천 리스트 중 두 명이 동시에 언급한 곳을 먼저 가보기로 했다. 그런데 첫날 저녁 그 식당을 향해 걷다가 우연히 맛있어 보이는 식당을 만났다. 우리는 잠깐 고민하다, 원래의 목적지가 아닌 그

식당으로 들어갔고, 아주 만족스러운 저녁 식사를 할 수 있었다. 다음 날 점심엔 원래 가려던 식당에 갔고, 우리는 몹시 실망한 나머지 한동안 마음이 구깃구깃해져 다시 펴는 데 꽤나 시간이 걸렸다. 그리고 결심했다. 그냥 보이는 곳에 가자. 우리 느낌을 믿어보자.

우연히 찾아간 식당이 마음에 들 때의 기쁨은 인터넷으로 찾아본 식당이 좋을 때의 기쁨보다 훨씬 크다. 지나고 보면 실패했던 선택은 잊고 성공했던 선택에 대한 기억이 더 크게 남는 법이니까, 한두 번의 인상적인 성공을 위해 두세 번 실패하는 것도 괜찮은 것 같다.

마음이 잘 맞았던 한 여행객이 투어가 끝난 뒤 연락해왔다.

"시체스나 몬세라트 말고, 근교 다른 지역 추천해주실 만한 곳 있을까요?"

나는 신이 나서 타라고나, 콜로니아 구엘 등 내가 좋아하는 작은 도시들을 추천했다.

"원래 많이들 가는 시체스나 몬세라트를 가봐야지 했는데, 어제 가이드님과 함께 골목골목 다니다 보니 제가 몰랐던 바르셀로나가 궁금해져서 두 곳은 다음으로 미룰까 해요. 색다른 생각과 관점을 만들어주셔서 감사합니다."

그가 내가 추천한 도시 중 어디를 다녀왔는지, 몹시 궁금하지만 묻지 않았다. 어쩌면 어디도 가지 않고 어제 함께 걸은 골목을 다시 혼자 되짚어 걸었을 수도 있다. 그 골목은 걸을수록 깊고 진해졌을 것이고, 그러다 나도 모르는 그만의 바르셀로나를 만났을 것이다. 그런 여행이 많아졌으면 좋겠다. 그리고 앞으로 내 여행도 내내 그랬으면 좋겠다.

23

입고 싶은 옷을 입고 삽니다

―――――――

어려서부터 나는 친구들 중에서 키가 제일 컸다. 보통 머리 하나는 더 있었다. '멜빵바지'가 너무 입고 싶었지만, 한 번도 입지 못했다. 그런 건 작고 귀여운 친구들이나 입는 옷이라고 생각했다. 어떤 봄이면 레이스 달린 꽃무늬 원피스에도 눈이 갔지만 그런 옷은 좀 더 선이 가는 인상의 친구들이나 입는 거라고 여겼다. 언제부턴가는 아예 예쁜 옷을 보면 입고 싶다는 생각이 들기 전에 그 옷과 어울릴 만한 나의 친구들이 떠올랐다. 그리고 나는 나와 어울린다고 생각하는 옷을 입고 살았다. 그러니까, 바르셀로나에서 살기 전까지는.

바르셀로나에서 쇼핑을 할 때면 늘 한 가지 질문을 더 하게 된다.

"이 옷 한국에서도 입을 수 있을까?"

대부분의 옷은 그 질문에서 1차 탈락한다. 또다시 무난한 옷들로 옷장이 채워졌다. 긴팔 원피스, 반팔 원피스, 롱 원피스, 조금 길이가 짧은 원피스이거나. 여하간 결국은 심플한 원피스와 원피스와 원피스.

모든 사람들이 몸매와 상관없이 짧은 반바지를 입고 다니던 더운 여

름, 처음으로 나도 용기 내어 짧은 반바지를 샀다. 굵고 긴 나리 덕에 다른 사람에 비해 노출되는 '살의 면적'이 넓어 평생 단 한 번도 입어보지 못한 숏팬츠로 골랐는데, 이미 봄부터 여러 벌의 반바지를 수없이 들었다 놓았다 한 뒤였다. 한국에 가서 입지 못하더라도 아깝지 않을 만큼 가격이 저렴했다. 아니, 아무래도 너무 짧아 여기에서조차 못 입어도 괜찮을 정도로 쌌다.

만 원 조금 넘는 반바지를 앞에 두고 벌어진 오랜 시간 동안의 걱정과 고민과 합리화가 무색하게도 나는 그 바지를 두 번의 여름 동안 닳도록 입었다. 이 바지가 없었으면 나는 대체 바르셀로나의 여름을 무엇을 입고 보냈을까. 처음 숏팬츠를 입고 거리로 나간 날, 나는 내 맨다리가 신경 쓰였지만 아무도 내 다리를 쳐다보지 않았다. 성큼성큼 거리를 걸었다. 그리고 다음 날도 그다음 날도 나는 그 바지만 입었다. 바르셀로나의 여름이 더 좋아졌다.

'점프수트'도 샀다. 바지와 윗도리가 붙어 있는 옷을 내가 입을 수 있을 거라고는 생각한 적이 없었는데, 한번 흥미가 생겨 입어보니 몹시 편해 벗을 수가 없다. 어릴 때 멜빵바지에 쌓인 한을 점프수트로 풀었다. 점프수트야말로 한국에서 입기는 어려울 것 같다고 생각하면서도 홀린 듯 벌써 다섯 벌의 점프수트를 가지고 있다. 지금 나는 세상에 점프수트보다 편하고 멋스러운 옷은 없다고 믿고 있다.

생전 처음 '새빨간 립스틱'도 샀다. 며칠을 신나게 바르고 다녔다. 빨간 립스틱을 바른 내가 되게 마음에 들었다. 어느 날 이곳의 한국인 친구를 만나러 나갔는데, 그 친구가 보자마자 말했다.

"어, 화장 안 하고 입술만 발랐네요. 엄마들처럼."

전혀 악의 없는 이야기였으니 웃어 넘겼지만 그때부터 갑자기 내 입술이 신경 쓰이기 시작했다. 괜히 입술에 침을 발라 립스틱을 뭉갰다. 그리고 한동안 빨간 립스틱을 꺼내지 않았다. 다시 빨간 립스틱을 바른 날, 나는 '타인의 외모'에 대해 이야기하지 않는 걸 나의 신조로 삼았다.

바르셀로나에 와서 본 소설 중에 가장 즐겁게 읽은 책《보건교사 안은영》. 처음부터 끝까지 마음에 안 드는 구석이 없을 정도로 구석구석 유쾌한 이야기들 중에 이런 부분이 있다.

"다른 최종 후보는 뉴질랜드 출신의 굉장한 건강 미인이었는데 면접을 오는 날 음, 어떻게 말하면 좋을까. 굉장한 노 브라였다. 뉴질랜드에선 자연스러운지 몰라도 일단 교사인 인표의 눈길도 자꾸 쏠리는데 사춘기 애들을 이 서구적인 건강함에 노출시킬 수 없다는 결론에 이르고 말았다. 나중에 그 이야기를 들은 보건 선생이 불을 뿜으며 브래지어가 유방암을 유발한다느니, 인생을 살며 한 가지 운동에만 투신하라고 한다면 노 브라 운동일 것이라느니, 이제부터 자기라도 실천하겠다느니 펄펄 뛰었지만 그런다 한들 임팩트가 같으리오 싶었던 게 인표의 속생각이었다."

‒ 정세랑,《보건교사 안은영》, 민음사, 2015

나는 이 구절을 읽으며 손바닥으로 무릎을 탁 쳤다. 바로 이거지. 누군가 나에게도 인생을 살며 한 가지 운동에만 투신하라고 한다면 '노

브라 운동'을 하겠다고 결심했다. 보건교사 안은영과 함께 평생 그 운동에 투신할 생각을 하니 싱글벙글 기분이 좋아졌다.

사실 바르셀로나 거리에서 볼 수 있는 여자들 반은 '노 브라' 차림이다. 아주 평범한 패션의 여자들이 연령 불문 브래지어를 하지 않고 외출을 한다. 바르셀로나 거리에서 그들과 수없이 마주치며 자연스럽게 알았다. 이렇게 외출할 수도 있는 거구나, 특별한 일이 아니구나. 그리고 곧장 따라오는 생각. 와, 얼마나 시원할까.

언제부턴가 두꺼운 겉옷을 입는 겨울이면 나도 노 브라로 다닌다. 하지만 정작 노 브라가 더 필요한 건 겨울이 아니라 여름인데, 나는 과연 어느 여름에 브래지어를 하지 않고 외출할 수 있을까. 단언컨대, 더운 여름에도 속옷 없이 외출할 수 있는 날 우리는 지금보다 한 뼘 더 행복해질 것이다. 확실하다.

포르투 여행을 갔다가 어느 옷가게 쇼윈도에 한참을 멈춰 서 있었다. 쇼윈도 너머에 나와 비슷한 체형의 마네킹이 서 있다. 낯설었다. 사실 이게 자연스러운 건데, 우리는 마르지 않은 마네킹이 낯설다. 보고 또 보고 또 봤다.

런던 여행 중 우연히 알게 된 브랜드가 마음에 들어, 여행에서 돌아와 웹사이트를 찾아보았다. 사이드에 접속해 옷을 구경하다가 꼭 포르투에서처럼 낯선 기분이 들었다. 옷을 입고 있는 모델이 다 표준 사이즈였다. 키를 불문하고 늘 스몰 사이즈 옷을 입은 모델들만 보다가, 중간 사이즈 옷을 입은 모델이 있는 사이트를 보니 나는 또 낯설다. 이 브랜드는 마침 한국에도 매장과 웹사이트가 있는데, 놀랍게도 한국에서는 라지 사이즈를 아예 판매하지 않는다. 반면 남성복은 스몰부터 엑스라지 사이즈까지 판매되고 있다.

한 가지 운동을 더 할 수 있다면, '마네킹 살찌우기 운동'을 하겠다고 결심했다. 마네킹도 모델도 더 이상 깡마르지 않다면, 옷에 맞춰 살을 빼려는 노력 같은 건 덜하게 될 테니까. 그러면 한 걸음 정도 우리는 또 행복해질 것이다. 분명하다.

바르셀로나 거리에서 만나는 여자들에 대한 이야기를 나는 하루 종일도 할 수 있다. 그들은 키가 크고, 작고, 마르고, 뚱뚱하고, 피부색이 밝고, 어둡고, 머리가 짧고, 길고, 머리카락이 빨갛고 파랗고 노랗고 까맣다. 타투를 하고, 타투를 하지 않고, 화장을 하고, 화장을 하지 않고, 젊고 또 나이 들었다. 그리고 그들은 그런 겉모습과 전혀 상관없이 입고 싶은 옷을 입는다. 백발의 할머니도 여름이면 비키니 위에 원피스를 입고 지하철을 타고, 깡마른 여자도 뚱뚱한 여자도 짧은 바지에 민소매 셔츠를 입는다. 당당하게 걷는다. 중요한 것은 자신감이다. 우리는 각자 모두 예쁘니까.

숏팬츠와 점프수트를 한국에서도 입을 수 있을지, 맨 얼굴에 빨간 립스틱을 바르고 외출할 수 있을지, 바르셀로나에 사는 나는 아직 잘 모르겠다. 나의 옷이나 화장을 보고 한마디씩 던지는 말들에 신경 쓰지 않을 수 있을지, 자신이 없다. 하지만 지금 생각은 그렇다. "대체 입지 못할 이유가 뭐야?" 언젠가부터 옷을 살 때 "이 옷을 한국에서도 입을 수 있을까?"라는 질문 같은 건 하지 않는다. 지금 입고 싶은 것을 입는다.

바르셀로나가 좋은 수많은 이유 중 하나. 이곳에선 남의 시선뿐 아니라 스스로의 시선에서도 자유롭게, 내가 입고 싶은 옷을 입을 수 있다. 만일 천국이 있다면, 그곳이 모두가 행복한 곳이라면, 천국의 조건에는 이런 것도 포함될 것이다. 겉모습에 따라 남을 평가하지 않는 곳. 내가 입고 싶은 옷을 마음대로 입어도 아무도 신경 쓰지 않는 곳.

이 글을 쓰기 위해 포털 사이트에 '멜빵바지'를 검색했다가 "제가 뚱뚱한데 멜빵바지를 입어도 될까요?" 하는 글을 만났다. 어린 시절 내가 했던 질문과 닮았다. 그 글을 쓴 여자아이를 안아주고 싶다고 생각했다가 생각을 바꿨다. 어깨를 툭 친다. 에이, 그럼요. 돼요. 우리 입고 싶은 건 입고 살아요.

2 4

우리 동네 공원에는 수영장이 있다

어린 시절 기억을 거의 못 하는 편인데, 수영을 배우며 있었던 일은 드문드문 기억이 난다. 가령, 수영장 가장자리에 친구들과 나란히 앉아 물장구를 치던 장면 같은 것. 선생님은 무릎과 발목은 일자로 쭉 펴고, 발가락을 가볍게 모아 오므린 상태로 부드럽게 물장구를 치라고 알려 주었다. 다리를 지그재그로 움직이며 첨벙거릴 때마다 우리는 깔깔 웃었다. 그땐 그런 게 뭐가 그렇게 재밌었을까. 배영을 배우고 마지막으로 평영을 배웠다. 먼저 물 밖에 서서 허공을 가르며 손동작을 배우고, 그다음 엎드려 다리만 물 안에 두고 발동작을 배웠는데, 손과 발의 동작을 합치기 전에 그만두었다. 왜 그만두었는지는 잘 기억나지 않는다.

성인이 되어 다시 수영을 다녔다. 새로운 걸 배웠다기보다는 어린 시절에 배운 것들을 하나씩 다시 기억해내는 시간이었다. 수영이랑 자전거, 운전은 배워두면 잊지 않는다더니 정말이었다. 초급반에서 내가 제일 잘했다. 오랜만에 수영을 하니 즐거웠다. 그런데 살던 도시에 수영장이 몇 군데 없었고 그나마도 시설이 좋지 않아 갈 만한 공립 수영장은 등록 경쟁이 무척 치열했다. 한 달에 한 번 새벽에 일어나 줄을 서는 일을 몇 번 하다 그만두었다. 역시나 평영까지는 진도를 나가지 못했다.

집에서 걸어서 5분 거리에 공원이 있다. 바르셀로나에서 가상 큰 공원인데 특별한 시설이 있는 건 아니고 그냥 넓은 잔디밭이 펼쳐져 있다. 사람들은 그곳에서 주로 드러누워 있거나 친구, 가족, 연인과 함께 앉아 와인이나 맥주를 마신다. 혼자 시간을 보내는 사람들도 많다. 매트를 펼치고 요가를 하는 사람들도 있고, 나무 사이에 줄을 잇고 외줄 걷기를

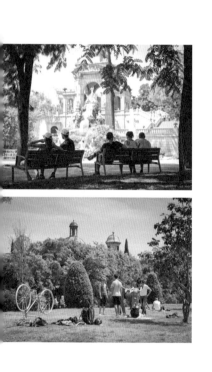

연습하는 사람들도 있다. 공원 한편 탁구대에서 탁구를 치는 사람들도 있고, 공원 사이로 나 있는 길을 따라 자전거를 타는 사람들도 있으며, 조깅을 하는 사람도 많다. 넓은 공원 여기저기에 자리 잡은 사람들은 각자 하고 싶은 것을 한다. 이곳 사람들에게 공원은 휴식 장소이자, 놀이터이자, 체육관인 셈이다.

그 공원에 가는 걸 좋아한다. 축복받은 날씨를 누리며 사람들이 즐겁게 각자의 시간을 보내는 걸 보고 있자면 내 기분도 밝아진다. 한번은 나도 그들 틈에 끼어볼까 싶어 비치 타월과 책 한 권, 그리고 샌드위치를 들고 공원에 간 적이 있다. 타월을 펼치고 앉았는데 어디선가 좋지 않은 냄새가 난다. 아뿔싸, 개똥 위에 타월을 깔았다. 공원에서의 여유도 부려본 사람이 부릴 수 있는 것이었다. 아직 바르셀로나 사람이 되려면 멀었다. 아무렇지 않은 척 더러워진 타월을 접어들고 일어서면서 약간 쓸쓸한 기분이 들었다. 공원을 가득 채운 사람들은 분명 서로 모르는 사이지만, 그날 내 눈에 그들은 모두 아는 사이인 것만 같았다. 바르셀로나에서 태어나, 스페인어 혹은 카탈루냐어를 모국어로 쓰는 사람들. 이건 이곳에 친구가 있거나 가족이 있다고 해서 채워지는 감정이 아니다. 그들과 나 사이에 넘지 못할 선이 하나 있었다. 아름답고 다정한 공원에서 나는 완전히 이방인이었다.

쓸쓸해진 기분으로 공원을 돌아 나오는데, 평소에는 눈에 들어오지 않던 공원 입구 실내 체육관이 눈에 띈다. 지하에 수영장이 있고, 1층에 농구장이 있으며, 2층에는 헬스장과 요가 등 각종 실내운동을 할 수 있는 곳이 있고, 옥상에는 야외 수영장이 있다. 이용료는 한 달에 40유로

(약 5만 원). 등록비를 60유로 정도 내야 하는데, 마침 등록비 반값 할인 행사를 한다. 충동적으로 회원권을 끊었다. 우와, 바르셀로나 공립 체육관 회원권이 생겼다! 어쩐지 소속감이 생기며 진짜 동네 주민이 된 것 같아 가슴이 두근거린다. 이제 나도 공원에 가면 갈 데가 생겼다.

아침에 일어나 세수도 하지 않은 채 천천히 걸어서 체육관에 간다. 체육관 문을 여는 순간 코끝에 닿는 소독약 냄새에 심장이 쿵쿵거린다. 남편은 농구 코트로 가고 나는 지하 수영장으로 향한다. 강습을 따로 받지는 않고 자유 수영을 하는데, 어느 시간에 가더라도 레인 하나는 비어 있어 다른 사람들의 방해를 받지 않으며 내 속도대로 물살을 가를 수 있다. 능숙하지 않은 실력이라 여전히 호흡은 엉망이고 자세도 정확하지 않다. "그렇게 호흡하면 안 돼요" 하며 나에게 호흡법을 알려준 사람만 벌써 여러 명이다. 낯선 동양인이 헥헥거리며 수영을 하는 게 안타까워 보이는지 그들은 하나같이 열심히 알려주려고 애쓰는데, 그럴 때마다 나는 스페인어를 반쯤 밖에 못 알아들었지만 그냥 이해한 척 "씨, 씨(네, 네)" 하고 만다. 그러면 그들은 굉장히 뿌듯한 표정으로 고개를 끄덕인 후 다시 물살을 가르고, 나는 그들에게 더 나은 모습을 보여줘야 한다는 부담감에 "음, 파, 음, 파"를 열심히 반복한다.

30분 넘게 수영을 했더니 손가락 끝이 쪼글쪼글해졌다. 그 모습이 낯설다. 어릴 적 목욕탕에 갔을 때 이후 얼마 만에 손끝이 쪼글쪼글해진 건지 모르겠네. 물속에서 30분 정도 있으면, 손가락이 이렇게 되는구나. 10분 정도 더 수영을 하며 나의 쪼그라든 손가락에 대한 생각을 했다.

지하에 있는 수영장이지만 높은 천장 가까이 넓은 창이 있어 내부로 빛이 잘 든다. 빛은 물에 닿으면 투명하게 반짝거린다. 그 맑은 빛을 가르며 수영을 하는 것만으로도 이미 황홀한데, 가끔 빛과 물이 만나 무지개가 생겨 흔들리면 내 마음도 함께 출렁거려 어쩔 줄을 모르겠다. 나는 '바르셀로나에서 보내는 모든 시간을 통틀어 수영장에 있는 이 시간이 가장 좋다. 나의 호흡과 물속으로 떨어지는 빛과 쪼글쪼글해진 손가락에 대한 생각만 하며 보낼 수 있는 아주 단순한 시간. 아마도 평영은 영원히 배우지 못하겠지만, 그런 건 하나도 상관없어지는 시간.

농구를 하던 남편은 헬스장으로 가서 마저 운동을 조금 더 하고, 그러는 사이 나는 비키니로 갈아입은 후 선글라스와 선크림을 챙겨 체육관 옥상에 있는 작은 야외 풀장으로 가서 선베드에 드러눕는다. 발끝에는 얕은 수영장이 있고, 수영장 너머에는 늘 사람들로 붐비는 공원이 있다. 공원에서 들려오는 지저귀는 듯한 즐거운 소음을 들으며 파란 하늘과 따뜻한 햇살을 덮고 누워 있자면, 잠이 솔솔 온다.

적당히 나른한 상태로 집에 오는 길. 남편은 시장에 들러 장을 보고 나는 먼저 집으로 와 수영복과 운동복을 빨아 널고, 쌀을 씻어 밥을 안친다. 그때 즈음 시장에서 돌아온 남편은 요리를 시작한다. 나는 이 여름의 하루가 정말 좋다. "나중에 바르셀로나 생활을 돌아봤을 때 뭐가 가장 그리울까?"라는 질문을 우리는 서로에게 자주 던지고 또 답이 자주 바뀌는데, 여름이면 나는 늘 같은 대답을 했다.

"수영장. 수영장을 오가는 시간을 포함한 그 모든 시간."

25

낯선 도시에서 장을 보는 일

바르셀로나에 와서 제일 먼저 한 쇼핑은 '카로Carro'를 사는 일이었다. 이곳에서는 차를 타고 마트에 가거나 집으로 물건을 배달하는 일이 거의 없기 때문에 대부분 카로라고 부르는 바퀴 달린 장바구니를 끌고 시장에 간다. 그래서 카로는 이방인을 현지인처럼 보이게 하는 가장 쉬운 수단. 카로를 끌고 좁고 울퉁불퉁한 골목길을 걸으며 이 도시와 점점 친해졌다.

여전히 나는 '나중에 뭐가 되고 싶은지'를 생각하는 버릇이 있다. 대학에 입학하고 취업을 했다고 해서 장래 희망이 없어지는 건 아니라고 생각한다. 이런 나에게 엄마는 "제발 하나만 제대로 하라"고 타박을 하시기도 하지만, 이렇게 생겨 먹은 걸 어떻게 하나. 지금도 나는 말할 수 없는 몇 가지 장래 희망을 가지고 있다.

어느 날, 평범한 직장인이었던 남편에게 물었다. "나중에 무슨 일을 하고 싶어?" 그는 예상외의 대답을 했다. "요리를 하고 싶어." 남편은 퇴근길에 마트에 들러 두 손 가득 장을 봐오는 걸 즐거워하는 사람이다. 회사 일이 바쁘면 바쁠수록 더 정성껏 요리를 했다. 요리를 하면 스트레스가 풀린다고 했다. '이렇게 금방 먹어버리는 걸, 오랜 시간 수고를 들여 만들어야 한다니 참으로 요리는 귀찮은 것이야.' 평소 이런 생각을 하는 나 같은 사람으로서는 이해하기 어려운 일이다.

그런데 이런 남편이라 해도 '요리를 배우고, 식당을 하고 싶다'는 대답은 대단히 의외였다. 나는 한 번도 생각해보지 못했던 인생의 선택지. 하지만 남에게 피해를 주는 일이 아니라면 가능한 한 하고 싶은 일을 하면서 살아야 한다. "그래, 그럼 요리 먼저 배우자. 하면 되지."

남편은 어쩌면 그때 처음으로 '아, 내가 요리사가 될 수도 있구나' 하는 생각을 해봤을지도 모르겠다. 질문하지 않으면 모르는 일이 있다. 처음 질문을 한 지 몇 년이 지났고, 남편은 지금 바르셀로나에서 요리학교를 다니고 있다. 가끔 아침에 일어나 창문을 열고는 깜짝 놀라곤 한다. "아, 여기 바르셀로나였지." 자꾸 묻다가 우리는 여기까지 왔다.

낯선 나라에서 사는 일은, 낯선 시장에서 장을 보는 일. 그리고 낯선 재료로 밥을 해먹는 일이다. 이곳에서도 장보기는 남편의 몫. 스페인은 유럽 중에서도 시장이 활성화되어 있는 편이라 어느 시장에 가든 물건은 싱싱하고 사람들은 활기차다. 게다가 해산물과 고기 같은 기본 식재료가 싸고, 치즈, 올리브, 앤초비, 아스파라거스 등 한국에서 가격이 만만치 않은 재료를 흔하게 구할 수 있다. 요리사를 꿈꾸는 이 남자, 신이 났다. 저녁 한 끼를 먹으려고 해도 여러 군데에서 장을 봐야 직성이 풀린다. 고기와 생선, 야채를 사는 시장이 각각 다르다. "생선은 산타 카테리나 시장Mercat de Santa Caterina이지." 이 역시 나로서는 조금 이해하기 어려운 일이다.

바르셀로나에서 가장 유명한 시장인 보케리아 시장은 '여기 없으면, 유럽에 없다'는 말이 있을 정도로 다양한 식재료를 파는 곳이다. 워낙 관광객이 많은 곳이라 갈 때마다 인파에 치여 아무래도 자주 찾게 되지는 않는다. 하지만 몇 가지 물건은 아주 훌륭해서 한 달에 두세 번은 장보러 들르곤 한다. 조금만 살피면 관광객보다 현지인이 줄을 많이 서는 가게를 발견할 수 있는데, 그런 가게들은 대부분 한두 가지 식제료만 전문으로 판매한다. 오로지 계란만 파는 가게도 있고, 치즈나 통조림만 모아두고 판매하는 곳도 있다.

그중 남편이 가장 자주 찾는 단골집은 양파와 마늘만 파는 모퉁이 작은 가게. 그곳 양파는 단단하고 신선하며, 마늘은 알이 굵고 잘 말라 있어 껍질을 벗기기가 쉽다. 그리고 또 하나는 올리브 가게. 우리나라 반찬 가게마다 김치 맛이 다 다른 것처럼 스페인은 올리브 가게마다 올리브 맛이 천차만별이다. 바르셀로나에서 처음 그 맛에 눈을 뜬 후 다양한 올리브를 먹어봤지만 이곳이 가장 내 입맛에 맛있다.

쌀은 보통 집 근처 견과류 가게에서 산다. 동네 사람들이 줄 서서 장을 보는 작은 상점. 이제는 익숙해져 그저 평범한 동네 가게 중 하나가 되었지만, 처음 이곳을 발견하고 쌀을 사던 날 실은 많이 설렜다. 얇은 비닐봉지에 쌀을 담아들고 집에 오던 길, '여기서 먹고산다'는 것이 또 한 번 실감 났기 때문이다.

이곳에서는 쌀과 아몬드, 호두 등의 견과류와 더불어 밀가루 같은 베이킹 재료와 말린 과일도 함께 판매하는데, 우선 입구에서 번호표를 뽑아야 한다. 아무리 급해도 내 차례가 오기 전에는 물건을 살 수 없다.

"쌀 500g, 찹쌀 300g, 말린 망고랑 파인애플도 100g씩 주세요."

"더 필요한 건 없어요?"

"아, 호두도 100g만 주세요."

이곳에 갈 때는 늘 느긋하게 시간을 잡고 간다. 견과류와 말린 과일 냄새가 섞여 나는 고소하고 거친 향을 맡으며 보내는 그곳에서의 10분,

20분이 즐겁다.

우리가 요즘 가장 자주 해먹는 음식은 보케리아 시장에서 산 올리브와 마늘, 카테리나 시장에서 산 아스파라거스와 앤초비를 듬뿍 넣은 올리브 오일 파스타. 어느 날, 냉장고 속에 있던 이런 흔한 재료를 가지고 파스타를 해먹다가 "이 한 그릇이 그냥 스페인 그 자체구나"라는 생각이 들었다. 그때 사뭇 비장하게 결심했다. 이곳에 있을 때 최선을 다해서 이것들을 먹자. '스패니시 파스타'라고 마음대로 이름도 지어 붙였다. 지겹도록 먹어야지.

지금 당장 냉장고를 열면 간단히 요리해 먹을 수 있는 스패니시 파스타가 벌써부터 그립다. 가끔 이렇게 미리 그리운 것들이 있다. 스패니시 파스타를 그리워하다 보면 보케리아 시장, 카테리나 시장, 견과류 가게 그리고 동네 마트들이 연이어 떠오르겠지. 시장과 시장 사이를 잇는 좁고 복잡한 골목길도 함께.

그의
시선

산타카테리나 시장에서
생선을 사는 이유

토요일 오전의 시장은 늘 활기가 넘친다. 토요일 오후부터 일요일까지는 대부분의 시장이 문을 닫고, 월요일은 채소나 해산물이 시들시들한 경우가 많기 때문에 바르셀로나 사람들은 조금 부지런하다면 금요일에, 그보다 느긋한 편이라면 토요일 오전에 시장을 보곤 한다. 그리고 너무나 당연하게도 대다수의 사람들은 토요일 오전에 몰린다.

덕분에 토요일에 눈을 뜨면 적당히 세수만 하고 서둘러 카로를 끌고 나간다. 보통 집 근처의 산타 카테리나 시장에서 장을 보는데, 10시가 넘으면 엄청나게 붐비기 때문에 조금이라도 일찍 가는 편이 좋다. 잠에서 덜 깬 채 시장에 가는 길은 귀찮기도 하고 머리가 멍해서 뭘 사야 할지 구체적으로 떠오르지 않는다. 그렇지만 일단 시장에 들어가면 그 분주함에 휩쓸려 나도 모르게 발걸음이 조금씩 가벼워지고 콧노래를 흥얼거리게 된다.

보통은 줄이 가장 긴 생선 가게부터 들른다. 주인에게 가볍게 인사를 하니 오늘 괜찮은 고등어가 들어왔다고 묻기도 전에 알려준다. 신선한 해산물은 이곳에 오는 가장 큰 이유다. 대형마트에서도 해산물을 팔기는 하지만, 대부분 냉동이거나 조각내어 소포장한 것들이다. 생선을 고르면 원하는 방식으로 손질을 해주는데, 여기서 가게의 내공이 드러난다. 친절한 주인장을 만나면, 오징어 한 마리를 주문하더라도 내장을 제거하고, 껍질을 벗기고, 눈과 입을 떼어내고, 몸통과 다리를 분리하여 바로 조리 가능한 수준으로 포장을 해준다. 만약 앞의 손님이 커다란 대구를 한 마리 주문한다면, 그걸 손질하는 장면을 지켜보는 것만으로도 충분한 공부가 된다.

토요일의 돼지고기 집은 언제나 붐빈다. 번호표 기계가 작동을 하지 않아 우르르 몰려 있는 사람들에게 내 순서를 물으니 할머니 한 분이 자기 뒤라고 이야기해준다. 예전에는 이런 경우에 내 순서를 스페인어로 어떻게 물어야 하는지 오랜 시간 고민을 하곤 했는데, 언젠가 누군가가 "마지막*Ultimo?*"라고 소리쳐 물

으니 다른 누군가가 "나Yo!"라고 대답하는 것을 들으며 큰 깨달음을 얻었다. 돼지고기 전문점에는 보통 생고기 외에도 하몬을 비롯한 수십 종류의 염장 돼지고기와 가공육이 있는데, 오는 손님마다 사가는 것이 전부 제각각이다. 더군다나 한 명의 손님이 적어도 예닐곱 품목을 사는데, 각 품목마다 하나씩 주문을 받은 후 냉장고에서 덩어리를 꺼내어 썰고, 무게를 재고, 포장해야 하기 때문에 이 과정에 오랜 시간이 걸린다. 대기줄은 정말로 천천히 줄어들어 앞에 손님이 대여섯 명만 있어도 30분 정도 기다리는 일은 부지기수다. 그럼에도 불구하고 주인장은 손님 한 명 한 명에게 심지어 안부까지 물으며 주문을 재촉하지 않는다. 대기하는 사람들도 늘 그래왔다는 듯 짜증 하나 내지 않고 옆 사람과 담소를 나누며 차분히 순서를 기다린다. 언젠가 나도 한 번은 앞 순서의 할머니에게 조리법을 묻다가, 나도 모르게 내 직업과 나이와 경력과 심지어 부모님 고향과 직업까지 털어놓은 적이 있다.

익숙해지기 쉽지만은 않지만, 일단 익숙해지고 나면 이보다 더 편안할 수 없다. 가게마다 사람들이 가득 차 있고 대기줄이 길지만 순서를 재촉하는 사람은 아무도 없다. 급한 사람이 한두 명은 있을 법도 한데, 이상하게 없다. 이 풍경에는 중독성이 있다. 전혀 어울리지 않는 두 단어가 절묘하게 공손한다. 미친 듯이 분주하면서도 지독히 평화로운 토요일의 산타 카테리나 시장은 어느새 바르셀로나에서 가장 좋아하는 시간과 장소가 되었다.

돌아가는 길이 왠지 아쉬워 커피를 한 잔 마실 겸 집 앞 카페에 들렀다. 코르타도 한 잔을 주문하니 수염이 덥수룩한 주인장이 요리학교는 다닐 만하냐면서 안부를 물어온다. 재미있지만 셰프가 조금 까다로운 사람이라고 이야기하니, 그렇게 생각하기 쉬워도 속은 나쁜 사람이 아니라며 위로까지 건넨다. 참 대화하고 상관하기 좋아하는 사람들이다.

여기서는 고등어를 사고, 심겹살을 사고, 커피를 마시는 와중에도, 사고 팔고 먹고 마시는 모든 과정 속에 언제나 사람이 있다. 파는 사람도 사는 사람도 모두 나처럼 삶을 영위하고 있는 '사람들'이라는, 너무나 당연한 사실을 말도 잘 통하지 않는 머나먼 타지에서 느낀다는 것이 참 아이러니하다. 언어가 조금만 더 자유로웠더라면 이 세계 안으로 좀 더 깊숙하게 들어갈 수 있었을 텐데 그게 좀 안타깝다. 그럼에도, 여기서는 언어가 통하지 않더라도 상식은 온전히 통한다는 것이 매일 느껴진다.

사진 한 장으로
남아도
좋을 날들

4

2 6

구엘 공원에
백 번쯤 오면 알게 되는 것

가우디가 지은 건물을 보는 일은 신기하게도 지루하지 않다. 사그라다 파밀리아도 카사 밀라도 카사 바트요도 볼 때마다 새롭게 감탄한다. 그중에서도 가장 질리지 않는 곳은 구엘 공원. 봄과 여름과 가을과 겨울이 다르다. 나무의 색깔이나 피는 꽃이 다른 것은 당연한 일이고, 해가 지는 시간이 다르고, 빛이 다르다. 투어 손님들과 함께 항상 같은 시간에 공원에 오지만, 계절마다 빛이 들어오는 시간이 다르기 때문에 보이는 풍경은 늘 달라진다. 빛을 이렇게 오래 지켜본 것도 전에는 없던 일이고, 그림자의 모양을 한참 바라본 것도 없던 일이다. 같은 길이 빛에 따라 이렇게 느낌이 달라진다는 것도 구엘 공원을 같은 시간에 백 번쯤 오고 나서 알게 된 사실이다.

손님들이 구엘 공원 유료 구간에 입장하고 나면 한 시간 정도 혼자 시간을 보내야 한다. 나를 비롯한 우리 투어팀의 가이드들은 그 시간이 하나도 지겹지 않다고 입을 모아 말한다.

"언제 우리가 구엘 공원에서 이렇게 쉬어보겠어."

"게다가 날씨도 이렇게나 좋은데."

바르셀로나가 좋아서 모인 사람들만 할 수 있는 생각. 지금 이 순간이 얼마나 소중한지 아는 사람들.

그날도 햇살을 맞으며 꿀 같은 휴식 시간을 보내는데, 내 옆 관광객 한 명이 바게트 조각을 새들에게 나누어주고 있었다. 주변에 비둘기들이 우르르 몰려들어 빵 부스러기를 주워 먹는 통에 조금 성가셔하고 있던 내 눈에 초록색 앵무새가 들어왔다. 바르셀로나에 사는 앵무새는 '퀘이커 앵무'로, 앵무새 중에서도 똑똑한 편에 속한단다. 검색해보니 한국에서는 애완으로 많이 키우며 20~30만 원 정도에 분양되고 있다. 원래 야생 앵무새가 도심에 사는 경우는 거의 없다는데, 바르셀로나에서는 구엘 공원과 바르셀로네타 해변 등지에서 종종 볼 수가 있다.

초록색 앵무새는 회색 비둘기 틈에 있으니 눈에 더 잘 띈다. 나는 시간이 많고 달리 할 일도 없어서 빵 조각을 두고 앵무새와 비둘기가 경쟁하는 모습을 가만히 지켜보았다. 비둘기는 보통 한 번 쪼고, 빵이 저쪽으로 튀면 또다시 근처의 다른 빵조각을 찾아 쪼는 식으로 빵을 먹는다. 이렇게 비둘기들이 헤매는 사이 앵무새는 눈치를 보며 이리지리 몸을 움직이더니 빵 한 조각을 입에 물고 휙 나무 위로 날아간다. 여전히 빵 주변에 모여 구구거리며 부리로 바닥을 쪼고 있는 비둘기를 비웃기라도 하듯 그들 바로 위 나뭇가지에 앉아서는 한쪽 발로 몸을 지탱하고 나머지 발 하나는 마치 손을 쓰듯 빵을 들고 부리 가까이 가져가 조금씩 베어 먹는다.

"와, 앵무새는 정말 똑똑하구나. 손을 쓸 줄 알아."

구엘 공원은 원래 공원이기 전에, 선원주택 단지로 계획된 곳이다. 숲이고 동굴이었던 언덕 위에 처음 주거 단지를 구상할 때 가우디는 그 부지에 원래 있던 자연을 최대한 훼손하지 않으려고 노력했다. 나무를 자르지 않고 옮겨 심었으며, 원래 나무가 있던 자리에 기둥을 세울 때는 새들이 앉아 쉴 수 있도록 다양한 장치를 만들어 넣었다. 실제로 구엘 공원을 걷다 보면 새들이 그곳에 집을 짓거나 앉아서 휴식을 취하는 모습을 볼 수 있다. 그걸 볼 때마다 우리끼리는 농담으로 "사람 주택 분양에는 실패했지만 새집 분양에는 성공했네"라고 이야기하기도 한다.

　바로 그곳에서 앵무새를 관찰했다. 새를 그렇게 한참 지켜본 건 생전 처음 있는 일이다. 지구 반 바퀴를 돌아 구엘 공원에서 어느 오후를 보내며 백 년 전 가우디와 만나는 순간이다. 시간과 공간을 훌쩍 뛰어넘는다. 가우디가 이런 걸 노렸던 걸까. 혹시 저 앵무새가 가우디인 거 아닐까. 여하간 다음 생에 새로 태어난다면, 구엘 공원에서 살고 싶다. 아무래도 나는 이 오후를 오래오래 기억하게 될 것 같다.

2

가로와 세로가 만나 바르셀로나

하우메 광장 가장자리에 있는 카페 2층에 앉아서 창밖을 내려다보고 있었다. 커피는 1.3유로. 오늘은 광장 옆 골목길이 잘 보이는 쪽에 자리를 잡았다. 며칠 전에는 광장이 정면으로 보이는 자리에 앉았는데, 하늘에 구름 한 점 없는 쾌청한 오후였다. 끊임없이 오가는 사람들을 내려다보다 선명한 그림자가 눈에 들어왔고, 마치 그림자란 것을 태어나서 처음 본 것 같은 기분에 사로잡혔다. 노트북을 펼치다 말고 사람들이 지나갈 때마다 어김없이 그림자가 따라가는 모습을 한참 관찰했다. 자전거를 타고 빠르게 달려가는 그림자, 유모차를 끌고 천천히 걷는 그림자를 지켜보다 중얼거렸다. '아, 모든 것에는 그림자가 있구나.' 이것도 난생처음 알게 된 사실인 것만 같았다.

그러다 '도시는 가로와 세로로 이루어져 있다'는 문장이 떠올랐다. 곧장 이 이야기를 남편에게 했더니, "공간은 3차원이야. 엑스축과 와이축, 제트축이라고 이야기해야지" 하고 갑자기 공대생이 된 것처럼 정색하며 정정해주었다. 바르셀로나 골목을 보며 엑스축과 와이축 같은 걸 떠올리다니, 영 낭만이라고는 없다. 아마도 그는 한창 게임을 하는 중이었던 것 같다.

여하튼 그때부터 나는 이 도시가 온통 가로와 세로로 보이기 시작했다. 돌로 된 길과 낡은 건물. 유난히 큰 창문과 문. 오래된 가로와 그보다 더 오래된 세로가 만나고, 그것은 또 다른 가로세로와 줄을 맞춰 서 있다. 각자 다양한 시간을 닮은 선들이 오늘날 자연스럽게 교차하는 그 모습을 관찰하는 시간이 길어졌다.

지금 살고 있는 아파트는 지은 지 500년이 넘었다. 오래된 좁은 골목

안 낡은 벽의 건물이 우리 집이다. 어울리지 않는 신식 현관문을 열고 건물로 들어서면, 하얗고 깔끔한 벽과 현대적인 인테리어를 만나게 되는 '어? 지금 내가 들어온 건물이 맞나?' 싶다. 그런 와중에 옛 흔적을 남겨두는 걸 잊지 않고, 한구석에 500년 전 벽을 그대로 살려두었다. 내가 우리 아파트에서 가장 좋아하는 부분.

바르셀로나의 건물들은 대부분 그렇다. 오래된 건물에 있는 상점 문을 열고 들어가면 아주 모던한 인테리어와 만나기도 하고, 대문을 새것으로 바꾸면서 문 위를 지탱하는 틀은 건물이 처음 지어질 때의 나무를 그냥 두기도 한다. 천장 서까래를 예전 모습 그대로 유지한 집도 쉽게 찾아볼 수 있다. 감각 있는 몇몇이 멋 부린 게 아니라 바르셀로나 대부분의 건물이 그런 모습이다. 문화재도 아닌데 그렇다.

그래서 바르셀로나에서 건물을 짓는 모습을 지켜보는 일은 굉장히 흥미롭다. 건물과 건물이 다닥다닥 붙어 있어, 새로 건물을 지을 때는 두부 자르듯 살살살 원래 있던 건물을 도려낸다. 그렇게 철거 후 공사를 진행하므로 건물의 외벽은 대부분 그대로 남는다. 겉에서 보기에 공사 중인 티가 안 나지만 열린 문 사이로 살짝 들여다보면 기운데는 텅비어 있는 경우가 많다. 그러니까 우리가 겉으로 볼 수 있는 바르셀로나 건물의 벽은, 많은 경우 그 건물이 처음 지어졌을 때의 모습이다.

바르셀로나에는 열여덟 종류의 보도블록이 있다. 그중 하나를 건축가 가우디가 디자인했다. 1900년대 초반, 카사 밀라를 건축하며 처음 사용된 이 보도블록은 가우디 사망 후 50여 년이 지난 1971년 바르셀

로나 거리에 깔렸다. 그리고 다시 현재까지 50여 년이 흘렀다.

가우디가 디자인한 보도블록은 바르셀로나 도심에서 쇼핑으로 유명한 그라시아 거리에만 깔려 있고, 다른 블록에 비해 표면이 매끈하다. 그래서 빗물이 고이면 보도블록은 그대로 거울이 되어 땅 위의 풍경을 비춘다. 육각형 모양의 이 블록은 문어, 불가사리, 소라 등 바닷속을 모티브로 디자인했다고 전해지는데, 물이 고여 흔들리면 거리의 화려한 건물과 문어, 불가사리, 소라가 함께 출렁인다. 여기까지 가우디가 의도한 것인지는 잘 모르겠다. 다만 어느 날 친구와 쇼핑을 하다 잠시 걸음을 멈추고 쪼그려 앉아 무엇이 문어이고 불가사리이고 소라인지 꼼꼼하게 찾아본 적이 있다. 한낮의 쇼핑 걸음마저 멈추게 한 50년 된 보도블록.

바르셀로나에서 가장 흔하게 볼 수 있는 또 다른 보도블록 역시 건축가인 푸이그 이 카다팔츠*Puig I Cadafalch*가 디자인했다. 아몬드꽃을 모티브로 디자인했다고 하는데, 굉장히 단순한 디자인이지만 도시와 참 잘 어울린다. 건축가 가우디와 카다팔츠가 디자인한 보도블록은 관광 상품으로 기념품숍에서 팔리기도 한다. 그 모습은 비누일 때도 있고, 컵받침일 때도 있고, 정말 보도블록일 때도 있다. 그러고 보니 바르셀로나는 건축가에게 건물은 물론 도시의 보도블록도 맡겼다. 과연 건축의 도시라고 부를 만하다.

나는 종종 바르셀로나를 이야기하며 '오래 머물수록 좋아지는 도시'라고 표현한다. 디자인된 지 100년이 넘고, 바닥 깔린 지는 50년이 다 되어가는 보도블록도, 세워진 지 1000년이 넘었을지도 모르는 건물의 벽도, 현대적인 건물 한편의 옛 흔적도, 지도를 손에서 내려놓으면 비로소 보이는 것들이다. 이 낯선 도시가 익숙해졌을 때, 거의 다 둘러봤다 싶을 때, 그래서 지도 없이 자유롭게 돌아다닐 수 있을 때, 그때 비로소 이곳의 가로와 세로에 촘촘하게 쌓여 있는 지난 시간들이 보인다. 어제 이 길을 걸을 땐 보지 못했던 것을 오늘 새롭게 발견할 때면 도시와 나만의 비밀을 만든 것 같은 기분이 들곤 한다. 어쩌면 그건 사랑에 빠지는 순간과 비슷할지도 모르겠다.

28

바르셀로나에서 가장 예쁜 집

사실 이 집은 우리가 기의 매일 지니다니는 길에 있는 집이다. 세탁소 갈 때도 마트에 갈 때도 동물 병원에 갈 때도 카페에 갈 때도 이 길을 지난다. 아저씨가 화분 관리를 워낙 잘해서 사진 찍는 사람들 사이에서는 꽤 알려진 집인데, 나도 여기를 지날 때면 늘 걸음이 느려지곤 한다. 그렇게 이 집 사진만 스무 장은 넘게 찍은 것 같다.

가끔 문이 열려 있어 의도치 않게 안을 들여다보게 되기도 하는데, 현관문 안쪽이 거실이라 문 바로 앞에 소파가 놓여 있다. 바르셀로나는 대부분의 건물 1층은 상가로 쓰이고 2층부터 사람이 산다. 이 집은 조금 특이한 구조인 셈이다. 하지만 1층이 바로 생활공간이라는 것만 제외하면 아주 평범한 가정집이다. 이곳에 사는 수더분한 외모의 아저씨는 늘 늘어난 티셔츠에 불뚝 나온 배를 자랑하며 집 앞에 나와 앉아 계시거나 화분에 물을 주신다.

나무문과 화분들의 조화가 아름다워 보이는 건 누구에게나 같은지, 평범한 가정집인데 기념품 가게에서 파는 바르셀로나 엽서에도 등장한다. 전 세계 사람들이 찍어간 사진만 수백만 장은 족히 될 것 같다. 그런데 정작 아저씨는 자기 집 사진을 가지고 있을까. 아무래도 이 사진은 인화해서 아저씨 집 앞에 붙여놓아야겠다.

"있죠, 아저씨, 언젠가 아저씨가 정성껏 가꾼 화분으로부터 위로를 받은 날도 있었어요. 고맙습니다."

● **위치** Carrer de l'Allada-Vermell 길 위 어딘가.

아주 오래된 놀이공원

종종 한 장의 사진에 끌려 그 장소에 가게 되는 경우가 있다. '메르세 *Mercé* 축제' 안내 팸플릿 구석에 작은 사진 하나가 눈에 들어왔다. 어른 키보다 조금 더 큰 크기의 관람차를 찍은 사진이었는데, 관람차에 타고 있는 아이들 목에 글자가 쓰인 작은 칠판이 하나씩 걸려 있었다. 한참 들여다보다가 저기에 뭐라고 써 있는 건지, 저 글자를 보러 가야겠다는 생각이 들었다.

'날씨가 좋았다'는 표현이 몇 번째 등장하는지 모르겠지만, 어쨌든 유난히 햇살이 좋은 날이었다. 축제가 열리는 시우타데야 공원은 바르셀로나에서 가장 규모가 큰 공원인데 특별한 시설이 있는 곳은 아니다. 평소에 가면 넓은 잔디밭에 사람들이 아무 데나 늘어져 누워 있고, 대충 놓인 탁구대에서 사람들은 웃통을 벗고 탁구를 치고 있곤 했다. 나도 언젠가 저 틈에 끼어서 동양의 탁구 실력을 뽐내줘야겠다고 늘 생각만 하며 지나가곤 했던 평범한 공원. 카메라를 하나 챙겨 들고 가벼운 마음으로 공원으로 향했다. 입구에 들어서자마자 팟타이, 햄버거 등 다양한 음식을 파는 푸드트럭이 늘어서 있다. 솜사탕도 팔고 아이스크림도 팔고 생맥주도 판다. 맥주를 마시며 잔디밭 위에 늘어지려다 얼른 정신을 차리고 오늘의 목적지인 '놀이공원'으로 향했다. 공원 안쪽으로 조금 더 깊숙이 들어가야 한다. 평소에는 가보지 않은 구역이다.

아주 옛날식 놀이공원이었다. 놀이기구는 작았고, 대부분 사람 손으로 작동되었으며, 전부 무료라 누구든 줄만 서면 탈 수 있었다. 철판을 망치로 두드려가며 직접 만든 것 같은 낡은 회전목마에 아이들이 타면 엄마나 아빠가 자전거 페달을 밟으며 목마를 돌렸다. 그 옆 사격 코너의

총알은 몹시 귀엽게도 올리브였다. 발 옆에 올리브가 가득 든 통이 있고, 아이들은 기다란 나무총 앞에 서서 올리브를 오물오물 먹고 남은 씨를 뱉어 총에 장전한다. 올리브 씨가 허공을 날아 과녁을 맞히면 어른도 아이도 깔깔 웃었다.

한쪽에선 아빠와 아들이 자전거 대결을 하고 있었는데, 고정되어 있는 자전거의 페달을 밟으면 엄지손가락만 한 모형 자전거가 대신 달린다. 아빠는 슬렁슬렁 발을 구르고 아들은 온 힘을 다했다. 결과는 정해져 있다. 경기 시작 전 아빠의 토닥이던 손길을 거부하던 사춘기 아들은 자전거 경주에서 이기고 나니 기분이 좋아진 듯 아빠와 얼굴을 마주 보고 씩 웃으며 하이파이브를 했다.

오래된 놀이기구에 매혹되어 구석구석 살펴보고, 나도 모르게 자전거 대결에 몰입해 응원하다 정신을 차려보니 사방이 모두 웃고 있었다. 아이들도 엄마들도 아빠들도 다들 웃었다. 햇살마저도 환하게 웃고 있던 오후, 나도 커다랗게 웃었다. 아주 오랜만에 보는 풍경이었다. 그리고 조금 울 것 같은 기분이 들었다. 이때까지만 해도 그냥 조금 그런 기분일 뿐이었다.

저만치에 드디어 관람차가 보였다. 보통 놀이공원의 대관람차처럼 규모가 크지 않고 아주 작다. 여덟 명이 정원인데 관람차에 타고 있는 아이들은 작은 칠판을 하나씩 목에 걸고 있다. 옹기종기 앉아 순서를 기다리는 아이들의 목에도 같은 칠판이 걸려 있었는데, 가까이 가서 보니 이름과 함께 웬 숫자가 쓰여 있다. 17, 21 같은 숫자라 대기 번호인가 했

는데 알고 보니 몸무게였다. 아이들은 관람차에 타기 전 체중계 위에 올라가 몸무게를 잰다. 그리고 의자에 앉아 자기 순서를 기다리다가 "린다", "페드로" 이름을 부르면 쪼르르 달려가 관람차에 앉았다.

관람차 역시 다른 놀이기구와 마찬가지로 수동이었기 때문에 아이들이 의자에 앉으면 몸무게에 따라 각기 무게가 다른 추를 바꿔 달았다. 그리고 역시나 한 아이의 부모가 나서 손잡이를 돌리면 그때 비로소 관람차는 돌아가기 시작했다. 조금이라도 천천히 돌릴라치면 아이들은 "빨리요, 좀 더 빨리!" 목소리 높여 조잘거렸고, 체중을 실어가며 손잡이를 돌리던 엄마는 깔깔 웃으며 힘을 냈다.

가장 인상적이었던 놀이기구 이야기를 빼놓을 수가 없는데, 애초에 어른을 위해 만들어진 시설이었다. 흔들침대에 엄마나 아빠가 누우면 아이들은 그 앞에 마주 앉아서 부채가 연결된 줄을 당겨 부채질을 해드리는 아주 단순한 기구. 행복한 미소를 입가에 머금고 누워 있는 엄마와 그 앞에서 신나게 줄을 당겨 부채질을 하는 아이. 엄마도 아이도 한 번도 상상해본 적 없을, 예상 못한 종류의 즐거움이 피어오르고 있었다. 아이도 엄마도 아닌 나는 그 공기 속에 서서 엄마가 되고 싶었다가 아이가 되고 싶었다가 했다.

오래전 피아니스트 호로비츠*Vladimir Horowitz*의 공연 영상을 본 적이 있다. 고풍스러운 공연장, 크지 않은 무대에는 까민 그랜드 피아노 한 대가 놓여 있었다. 아주 오랜만에 고국인 러시아에 돌아온, 백발의 호로비츠가 몸을 숙이고 앉아 느릿느릿 피아노 건반을 누른다. 연주곡은 작곡가 슈만*Robert Alexander Schumann*의 〈꿈*Träumerei*〉. 들어본 것 같기도 하고 처음 듣는 것 같기도 한 곡이었는데, 아주아주 평화로운 멜로디였다. 공연을 보는 관객들은 온 신경을 집중해 그의 피아노 연주를 들었다. 그리고 어느새 아이도 울고 어른도 울었다. 몰두한 표정 위로 흐르는 눈물이 굉장히 인상적이었다. 클래식 음악에 대해서 잘 모르던 나는 그때 처음으로 〈꿈〉을 들으며 눈물을 흘렸고, 그 곡은 나에게 듣고 제목을 알아맞힐 수 있는 거의 유일한 클래식 음악이 되었다. 그다음부터 〈꿈〉만 들으면 호로비츠 공연 영상이 떠오르며 눈물이 날 것 같은 기분이 들곤 한다.

햇살 속 풍경을 보는데 슈만의 〈꿈〉이 귓가를 스쳤다. 잘못 들은 줄 알았는데 실제로 공원에 설치된 스피커에서 〈꿈〉이 흐르고 있었다. 그리고 느닷없이 눈물이 났다. 당황스러웠지만 다행히 선글라스를 쓰고 있어서 흘러 고인 눈물을 굳이 감추지 않아도 되었다. 눈부시게 화창한 날이라 선글라스 사이로 흐른 눈물은 뺨에 닿자마자 말랐다. 정말로, 꿈, 같았다. 꿈같다거나 동화 속에 있는 것 같다는 표현을 흔하게 봤는데 실제로 그렇게 느낀 건 처음이었다. 아주 오래된 작은 공원을 거닐며 나는 아이였다가 어른이었다가 했다. 아이가 되면 웃었고 어른이 되면 울었다.

어떤 기억은 깊숙이 숨었다가 자극을 받아야 떠오르기도 한다. 어린 시절에 대한 추억이 많지 않다고 생각했는데, 어쩌면 그 기억을 떠올릴 자극 받을 일이 없었던 건지도 모르겠다. 슈만이 아이들을 위해 작곡했다는 〈꿈〉을 들으며 햇살 덕에 눈을 갸름하게 뜨고 느릿느릿 돌아가는 관람차를 보고 있으니 어린 시절의 기억들이 빗처럼 쏟아졌다. 기억은 사라진 게 아니라 마음 한구석 작은 주머니 속에 들어 있었나 보다.

나의 주머니 속에는 아빠 어깨 위에 목마를 타고 고궁을 걷던 기억 같은 것들이 있었다. 아빠 어깨 높이보다 커버리는 사이 까맣게 잊고 있던 순간들. 기억 속에서 걸어 나온 어린 나는 지금의 나에게 그 시절이 참 좋았다고 천천히 이야기해주었다. 훌쩍 나이 든 나는 그 이야기들이 무척 고마웠다. 과거의 내가 지금의 나를 위로했고, 우리는 화해했다. 싸우지 않고도 화해할 수 있구나. 나는 햇살 속에서 그런 생각을 했다. 아빠에게 오랜만에 전화를 해야겠다, 하는 생각도 했다.

그리고 바르셀로나에 있는 나의 어른 친구들에게 연락을 했다. 어서 시우타데야 공원으로 오라고. 꿈 같은 곳이 있다고. 동화 같은 곳이 있다고. 친구들은 각자의 어린 시절을 데리고 공원으로 달려왔다. 아마도 그랬을 것이다.

일주일간의 축제가 끝났고, 다시 찾은 시우타데야 공원에 놀이기구는 감쪽같이 사라졌다. 텅 빈 잔디밭에는 평소처럼 사람들이 드러누워 낮잠을 자거나 책을 읽고 있다. 꿈이었나 싶지만, 아무렴 어때, 꿈이었어도 괜찮겠다 싶다.

● **메르세 축제** *Les Festes de la Mercé*
일시 매년 9월 바르셀로나 수호 성인인 성모 마리아를 기념하며 열린다.
장소 바르셀로나 전역
웹사이트 lameva.barcelona.cat/merce

3

스스로 자신의 박물관을 만든 사람

"매일 아침잠에서 깨어날 때마다 나는 최고의 희열을 느낀다. 내가 살바도르 달리라니!"

살바도르 달리*Salvador Dali*가 했다는 이 말을 처음 들었을 때 나는 한참을 깔깔 웃었다. 나는 달리의 작품을 잘 모르고 특별히 좋아하는 작품도 없지만, 달리에 대한 이야기를 찾아 읽다 보면 한없이 기분이 좋아지곤 한다. 거침없이 상상하고 최선을 다해 마음대로 사는 사람, 자기 검열 따위 없는 사람이 이 세상에 살았었다는 것만으로도 위안이 될 때가 있다.

스페인에 살아 좋은 점 중의 하나는 위인전에서나 만날 수 있을 것 같은 사람들이 영 멀리 있는 사람처럼 느껴지지 않는다는 것이다. 대표적으로 바르셀로나에는 130년째 공사 중인 성당이 있지 않던가. 가우디는 이미 세상에 없지만, 그가 설계한 사그라다 파밀리아는 오늘도 지어지고 있다. 그래서 이곳 시민들에게 가우디는 '과거의 사람'이 아니다. 가우디는 우리가 잘 아는 화가 피카소보다도 25년이나 먼저 태어났

다. 피카소가 스페인에서 지낸 어린 시절 동안 가우디의 영향을 받았다는 이야기도 있다. 또, 젊은 달리가 파리에 가서 피카소를 처음 만났을 때 피카소는 이미 대가였다. 피카소와 살바도르 달리, 두 사람은 스물세 살 차이가 난다.

가우디가 만든 보도블록 위를 걷고, 피카소가 그렸다는 벽화 앞을 지나다니고, 달리가 로고를 디자인했다는 추파춥스 사탕을 먹다 보면 이들이 과거의 위인이 아니라 지금 바로 옆에서 활약하고 있는 셀러브리티 같은 느낌을 받는다. 가우디와 피카소는 내가 태어나기 전에 이미 세상에 없었지만, 달리는 1989년에 사망했다. 기억은 나지 않지만 내가 초등학생이던 시절 지구 반대편 사람들은 달리의 부고 기사를 읽었을 것이다. 그리고 28년 뒤 나는 스페인 거리를 걷고 있다. 스페인 사람들이 달리의 사망 당시 바로 이 길 위에서 그를 애도했을 거라는 생각이 들면, 시간과 공간이 뒤섞여 묘한 기분이 들곤 한다.

내가 좋아하는 화가들은 대부분 가난했다. 생전에 작품을 인정받지 못해 생활고를 겪은 화가는 셀 수 없이 많다. 고갱이나 모딜리아니도 사후에야 명성을 떨쳤고, 특히 고흐는 사는 동안 내내 가난에 시달렸다. 영국 드라마 〈닥터후〉 에피소드 중에 고흐가 시간을 거슬러 오늘날 파리의 오르세 미술관에 방문하는 장면이 있다. 관람객으로 꽉 찬 전시장 벽에 자신의 그림이 빽빽하게 걸려 있는 모습을 보고 고흐는 온 얼굴이 점점 빨개지며 눈물을 흘린다. 나는 그 장면을 돌려볼 때마다 그와 함께 울컥하는데, 살아생전 그는 자신이 이렇게 오래도록 전 세계 사람들에게 사랑받을 줄 알았을까 하는 안타까움과 아쉬움 때문이다.

하지만 살비도르 달리는 다르다. 달리는 살면서 인정받았고, 사랑받았으며, 스스로를 사랑했다. "나는 천재다. 나는 영원히 기억될 것이다"라고 확신했다. 그리고 돈도 많이 벌었다. 고흐를 생각하며 침울해진 마음이 달리를 떠올리면 다시 밝아진다. 나는 고흐의 그림을 더 좋아하지만, 한 번 사는 인생이라면 달리처럼 살아보고 싶다.

바르셀로나에서 북쪽을 향해 차로 한 시간 반쯤 달리면 닿는 도시 '피게레스Figueres'에는 달리가 생전에 직접 조성한 '달리 박물관DALÍ THEATRE-MUSEUM'이 있다. 자신의 그림을 모아서, 자신의 돈으로, 자신을 위한 박물관을 만들었다니 화구 살 돈도 없었던 고흐가 들으면 부러워서 한 번 더 울 일이다.

사람 사는 동네를 두고 '볼 게 없는 곳'이라는 표현을 하지 않으려고 애쓰는 편인데, 미안하지만 피게레스는 정말 볼 게 별로 없는 도시다. 내가 다녀본 스페인의 도시들은 오래된 건물들이 분위기 있게 낡아가는 곳이었다. 나이 든 건물 사이 거리는 밝고 사람들은 느긋한 곳. 하지만 차가 피게레스에 들어서는 순간 어딘지 모르게 쇠퇴한 지방 도시에 들어선 것 같은 인상을 받았고, 달리 박물관 근처에 이르러 그 느낌은 더 강해졌다. 대충 지은 것 같은 건물에 관리 안 된 인도, 도로에 세워진 차는 많지만 거리에 사람은 별로 보이지 않는다. 급히 만들어졌다 쓰임새가 없어져 버림 받은 위성 도시 같다.

내비게이션이 목적지에 도착했다고 알렸다. 하지만 주변을 둘러봐도 근처에는 한국의 예식장같이 생긴 건물뿐이다. 그 건물 앞에는 좁은 찻길을 사이에 두고 주차 타워가 있다. 주차 타워라니, 스페인에서 처음 보는 것. '정말 주차 타워?' 하며 스쳐 지나려던 순간 방금 본 조악한 건물이 달리 박물관이라는 것을 알았다. 극장을 개조한 박물관이라고 들었는데, 내가 상상한 유럽의 극장은 파리의 오페라하우스나 로마의 원형경기장 같은 것이었나 보다. 실망은 내 탓이다.

공터에 차를 세웠다. 그리고 박물관까지 걸어 올라가는 동안, 말라비틀어진 개똥과 깨진 보도블록을 수없이 지나쳤고, 시멘트 담 위를 천천히 걷는 비쩍 마른 고양이를 보았다. 피게레스에서 태어났지만 마드리드나 파리 등에서 주로 생활했던 달리는 생의 마지막에 이곳으로 돌아와 이 도시와 딱 어울리는 외양의 박물관을 만들고 그곳에 묻혔다.

박물관 내부는 외관과 달리 웅장하고 우아하다. 입장하면 내부 지도를 하나씩 주는데, 동선을 가리키는 번호가 쓰여 있다. 그 번호대로 걸으며 감상하면 된다. 이 작품을 어느 위치에 설치할지 달리는 하나하나 직접 정했다고 한다. 그래서 달리 박물관을 보는 일은 다른 박물관들을 관람하는 것과 달랐다. 관람이라기보다는 체험 같고, 작품을 감상한다기보다 그의 뇌 속에 들어간 기분이었다. 작품을 보며 '이 작품이 의도한 것은 무엇일까?' 생각하는 동시에 '이 작품이 여기에 놓인 이유는 무얼까?' 더불어 고민하게 됐다.

그러는 동안 마치 그를 직접 만난 듯한 착각이 들었다. 그와 마주보고 앉아 맥락 없지만 깊은 대화를 나누며, 그의 복잡한 머릿속을 들여다본 것 같았다. 사물에 대한 엉뚱하고 발랄한 시선을 마주하기도 하고, 한 사람에 대한 맹목적 사랑도 눈치챘다. 그리고 무덤 앞에서 짧은 묵념도 했다. 한 사람의 고통과 기쁨, 삶과 죽음을 짧은 시간 동안 받아들이다 보니 여기저기 내 몸이 아픈 것 같은 기분마저 들었다. 그만큼 달리 박물관은 걸을수록 달리에게로 한 걸음 한 걸음 다가가도록 촘촘하게 설계된 공간이었다. 달리의 의도대로 나는 그에게 빠졌다.

박물관을 나오면서 계속 생각했다. 달리는 행복했을까. 한평생을 예술가로 살며, 끊임없이 활동하고 부를 누리며, 한 여인을 사랑했던 사람. 자신의 족적을 스스로 모아 박물관을 만들고 태어난 곳에서 세상을 떠난 사람. 저만치 걷다 달리 박물관을 다시 뒤돌아보며 슬쩍 웃음이 났다. 행복했겠지. 태어나 보니 살바도르 달리고, 살바도르 달리로 죽었으니 틀림없이 행복했겠지.

3

짧지만 길었던 아를에서의 사흘

스페인에 살면 유럽 대륙 여기저기를 시시때때로 여행하게 될 것 같았지만, 이곳에서 산 지 1년 반이 넘어서야 우리는 처음 여행다운 여행을 떠났다. 비행기를 타지 않아도 되는 곳, 하지만 스페인어를 쓰지 않는 나라에 가고 싶었다. 여러 군데를 두고 고민하다가 프랑스 남부로 떠나기로 했다. 언제나처럼 카메라를 챙겼고, 필름은 넉넉하게 여섯 통을 넣었다. 그리고 혹시나 해서 제제가 잘 먹지 않는 간식을 가방 구석에 담았다. 그러곤 차를 빌려 북쪽으로 내달렸다.

바르셀로나에서 해안가를 따라 북쪽으로 네 시간쯤 달리면 프랑스 남부 도시 아를에 닿는다. 미리 예약해둔 숙소의 주인장은 영어를 거의 하지 못했다. 하지만 시내 지도를 펼쳐 천천히 최선을 다해 아를 여행에 대한 설명을 꼼꼼하게 해주었다. 이야기를 듣다 내가 물었다.

"여기서부터 저기까지 가려면 얼마나 걸려요?"

지도 오른쪽 끝에 있던 우리 숙소를 가리킨 다음 왼쪽 끝 원형경기장을 찍고 집게손가락과 가운뎃손가락을 움직이며 지도 위를 가로질러 걷는 시늉을 했다. 주인장이 눈을 가늘게 뜨고 웃더니 대답한다.

"음… 걸어서 15분?"

그때 이미 아를이 좋아졌다. 이런 곳에 오고 싶었다. 반나절이면 둘러볼 수 있는 아주 작은 동네. 다른 고민 없이 걷기만 하면 되는 마을.

일단 짐을 풀고 원형경기장이 있다는 곳까지 한번 걸어보기로 했나. 시도를 볼 필요도 없이 한 방향으로 걸었더니 금세 원형경기장에 닿는다.

"어, 아를 다 봤네. 그럼 내일 하루 종일 뭐하지?"

좋긴 한데 조금 걱정이 된다. 작년 이맘때 아를을 여행했던 친구에게 연락을 했다.

"특별히 예쁘진 않은데, 작은 동네라 마음에 들어."

큰 의미 없이 한 이야기에 친구가 놀라며 답했다.

"아를이 특별히 예쁘지 않다니. 언니 정말 유럽에 사는 거 맞네요."

그의 반응에 이번에는 내가 놀랐다. 바르셀로나에서 살다가 아를에 왔더니, 도시의 겉모습 자체에 큰 인상을 받지 못한 거다. 1년 반 넘게 여행을 가고 싶다는 생각이 들지 않았던 이유가 이건가. 내일은 우선 바르셀로나를 지우고, 아를을 만나야지. 그런데 이 작은 동네에서 우리는 내일 하루 종일 정말 뭐하지.

20대 초반에 처음 똑딱이 필름 카메라를 샀다. 늘 가방에 넣어 가지고 다니며 가볍게 셔터를 누른 지 10년쯤 되었을까, 불현듯 사진을 제대로 찍어보고 싶다는 생각이 들었다. 우연히 임종진 작가의 작업실에서 진행되는 필름 사진 수업을 찾아내 등록했다. 첫 수업에 아빠가 오래전에 쓰시던 묵직한 카메라를 장롱에서 꺼내 들고 갔다. 반자동 카메라여서 사진을 배우기에 좋은 기종은 아니었지만 선생님은 괜찮다고 하셨다. 급하게 다른 카메라를 사지 말고, 지금 있는 카메라를 천천히 사용하다가 나에게 맞는 카메라를 찾으면 그때 사라는 말씀이었다. 그 말씀을 들은 이후로 나는 선생님이 하는 말이라면 대부분 맞다고 생각한다.

"몰래 찍지 말아라."

"사진을 찍는 대상과 충분히 교감한 후 셔터를 눌러라."

모두 선생님이 일러준 것들.

수업을 듣고 난 뒤부터 줄곧 수동 필름 카메라만 썼다. 결과물에 욕심을 냈다면 아마도 진작 디지털 카메라를 샀을 텐데, 나는 예전부터 지금까지 사진 결과물에는 크게 신경이 쓰이지 않는다. 카메라를 들고 밖으로 나가는 것, 곁에 다가가 셔터를 누르는 것, 그 과정으로 충분하다. 그러는 동안 생기는 일들이 좋기 때문에 결과물은 아무래도 괜찮다. 여행 중엔 특히 더 그렇다. 결과물에 대한 기억보다 카메라를 들고 있을 때 있었던 일에 대한 추억이 더 오래간다. 이번 아를 여행에서도 그랬다.

아를에서의 둘째 날 아침, 카메라를 챙겨 들고 일단 다시 한 번 도시 끝에서 끝까지 걸어보기로 했다. 첫 번째 갈림길을 만났을 때 어제와 다른 길을 선택했다. 마침 아를에서는 사진 박람회가 진행 중이어서 도시 전체가 갤러리였다. 호텔 로비, 대학교 강당, 서점 등 도시 곳곳의 건물에 임시 전시장을 만들어 사진을 전시하고 있다. 전시장과 작가를 소개해둔 지도가 있었지만, 딱히 참고하지는 않았다. 이 골목 저 골목을 기웃거리다 사진 전시를 하는 공간을 발견하면 가볍게 들어가 사진을 구경하고 돌아 나왔다.

전시장보다 흥미로웠던 것은 골목골목 벽보처럼 붙어 있던 사진들. 골목을 돌아설 때마다 다른 사진들이 각기 다른 벽을 배경으로 붙어 있어서 어느 한 벽도 허투루 지나칠 수 없었다. "어 저 사진 좋다." "이쪽으로 와봐. 이 벽 좀 봐봐." 바람에 찢어지고 비에 젖고, 햇볕에 바랜 사진들은 시간이 지날수록 아를과 닮아간 듯, 원래 이 도시의 모습이었던 것처럼 자연스럽다.

반대편 벽에 기대서서 맞은편 벽에 붙은 사진을 보느라 걸음을 멈추는 시간이 길어졌다. 그러다 카메라를 들고 벽과 사진이 어우러진 모습을 찍기 시작했다. 필름을 아끼는 편이 아니기 때문에 일단 한번 셔터를 누르기 시작하면 걷잡을 수가 없다. 사진을 찍으며 걷는 길은 카메라 없이 걷는 길보다 훨씬 길다. 금방 끝에 닿을 것 같았던 짧은 골목이 한없이 길어졌다.

중심가를 조금 더 벗어나보기로 했다. 갈림길이 나올 때마다 사람이 덜 다니는 길을 택해 걸었다. 한적한 주택가에 들어서자 사진이 붙어 있는 벽은 찾기 어려웠지만, 이번에는 골목을 돌아설 때마다 고양이가 나타났다. 고양이를 만나면 일단 멀찌감치 앉기부터 하는 나는 또 털썩 앉았다. 저만치서 마치 나도 골목의 일부인 것처럼 가만히 있으면 대개 고양이가 먼저 다가와 관심을 갖곤 한다.

아를의 고양이들은 대부분 목줄을 하고 있었다. 집이 있고 주인이 있는 고양이라는 뜻. 고양이와 놀고 있으면 동네 사람들이 지나가며 이름을 알려주었다. 고양이는 살짝 열린 창문 틈으로 집과 거리를 왔다 갔다 자유롭게 오갔다. 게다가 거리 곳곳에는 고양이를 위한 사료와 물그릇이 있어서 따로 챙겨간 사료는 꺼낼 일이 거의 없었다. 고양이가 있는 길은 그렇지 않은 길보다 훨씬훨씬 길다. 카메라를 들고, 고양이와 만나며 길을 걸었더니, 첫날 도시 끝까지 가는 데 15분이면 족했던 거리를 걷는 데 한나절이 걸렸다.

사흘째 아침, 우리는 어제 만난 벽과 사진과 고양이를 찾아 도시를 다시 가로질렀다. 이번에는 갈림길이 나타날 때마다 어제와 같은 길을

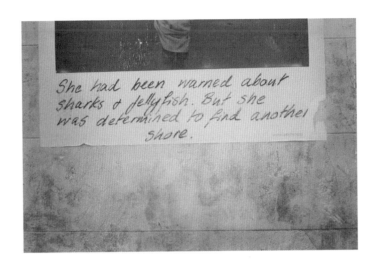

She had been warned about sharks & jellyfish. But she was determined to find another shore.

She had been warned about
sharks & jellyfish. But she
was determined to find and
shore.

Every member of our team puts their whole
heart into it, and I've grown extremely fond of
all of them. Working with refugees is actually a
privilege.

Come on, we belong together!
We can learn and benefit from each other.

선택했다. 어제 만난 고양이를 다시 만나 인사하고, 어제 미처 발견하지 못한 사진과 마주쳤다. 그러느라 사흘째 날에도 골목을 돌아설 때마다 카메라를 들어야 했고, 걸음은 한없이 느려졌다. 넉넉하게 챙겼다고 생각한 여섯 통의 필름을 모두 다 쓰고도, 아를 시내를 뒤져 필름 한 통을 더 샀다. 사흘이 짧게 느껴졌다.

누군가 왜 군이 필름 카메라로 사진을 찍느냐고 물었다. 지금 시대에 그런 게 무슨 의미가 있느냐고도 덧붙였다. 깊은 고민을 한 적은 없었지만, 그때 나는 이렇게 대답했다.

"필름 카메라로 사진을 찍으면 한 장 한 장 셔터를 누른 순간이 다 기억에 남아요. 무엇을 봤고, 왜 그 순간 카메라를 들었는지, 얼마만큼 가까이 걸어갔는지 다 말할 수 있어요. 그건 셔터를 더 자주 누르게 되는 디지털 카메라로는 어려운 일일 거라 생각해요."

극장에서 영화 보는 걸 좋아하고 서점에 가서 책을 사는 걸 좋아하는 사람들이라면 분명히 필름 카메라를 좋아할 것이라고 생각한다. 영화를 보겠다는 한 가지 목적으로 버스를 타고 사대문 안 작은 극장으로 향하는 길, 방금 본 영화를 곱씹으며 다시 집까지 돌아가는 길이 즐겁고, 서점의 서가 사이를 거닐다 마음에 드는 책을 사 가방에 넣고 길을 걷는 일이 좋다. 어쩌면 영화나 책보다도 그 길들이 좋은지도 모른다. 사진도 마찬가지. 필름 카메라를 들고 길을 걷는 일이 좋다. 걸음을 멈추고 카메라를 꺼내 사진을 찍고 다시 카메라를 가방에 넣는 일. 그렇게 한 장씩 찍은 사진이 쌓여 서른여섯 장 한 롤이 채워지고, 멈춰 서서 새

필름으로 갈아 끼우는 일. 그리고 한 가지 더, 필름을 현상소에 맡기는 일. 그 모든 과정이 즐겁다.

바르셀로나에 있는 여러 현상소 중에 최근 한 군데에 정착하게 되었는데, 현상도 인화도 꽤 훌륭하다. 다만 엄청 오래 걸린다. 필름을 맡기면 아저씨는 늘 "3주 후에 찾으러 오세요"라고 말씀하시곤 한다. 한국에선 가끔 30분이면 가능한데! 중간에 휴가 기간이 끼면 한 달을 넘기는 것도 흔한 일이다. 필름을 맡겼다는 사실조차도 잊었을 무렵, 내가 찍은 사진을 보게 된다. 설레는 마음으로 밀착 인화된 사진을 꺼내보며 바르셀로나의 맑은 햇살 속을 걸으면 '나는 한 달 전에도 이곳에 살았고, 지금도 이곳에 살고 있구나' 같은 묘한 생각에 잠기곤 한다.

바르셀로나로 돌아와 필름을 맡겼다. 현상까지 역시나 한 달이 걸린다고 했다. 그리고 한 달이 지난 뒤 찾아온 필름. 비로소 여행이 끝났다. 손바닥만 한 작은 동네 아를을 넓게 만든 것도 카메라의 힘이었는데, 짧은 여행을 길게 만드는 것도 그러고 보니 필름 카메라가 한 일이었다.

바르셀로나에서 필름을 살 수 있는 곳

- **Lomography Embassy Barcelona**
  주소 Carrer d'en Rosic, 3, 08003 Barcelona
  웹사이트 www.lomography.es

- **Impossible**
  주소 Carrer d'en Tantarantana, 16, 08003 Barcelona
  웹사이트 www.impossible-barcelona.com

휠체어를 탄 강아지들

동네 공원에 갔다. 동네 사람들이 모두 쏟아져 나온 것처럼 활기찬 곳에서 느긋하게 걷고 있는데, 우리 앞으로 뒷다리에 보조 바퀴를 단 강아지 두 마리가 지나간다. 바르셀로나에서 정말 많은 개를 만났지만 보조 바퀴를 달고 있는 강아지는 처음이다. 홀린 듯 그들을 따라갔다. 따라간 곳에는 승합차가 한 대 있었고, 차에서 몸이 불편한 강아지들이 한 마리씩 내리고 있었다. 여러 명의 자원봉사자들이 다정한 손길로 그들의 잘 움직이지 못하는 다리에 휠체어를 달아주고 있다.

건너편에 멀찍이 떨어져 앉아 그 모습을 한참 지켜보았다.

"가까이 가볼까."

내가 먼저 길을 건너 한 아이 옆으로 가서 무릎을 꿇고 앉았다. 앉자마자 그 아이는 나에게 바짝 다가오더니 온몸을 부비며 꼬리를 흔든다. 그 모습이 얼마나 밝던지 나에게도 꼬리가 있다면 함께 흔들 뻔했다.

"얘 이름이 뭐예요?"

"발렌티나예요."

차에서는 모두 여섯 마리의 강아지가 내렸다. 다들 뒷다리가 불편해 보였는데, 그중에는 몸이 허리부터 꺾여 있거나 배변을 못 가리는지 기저귀를 찬 개도 있다. 하지만 그런 것과 상관없이 모두 신이 났다. 뒷다리에 보조 장치를 달고 씽씽 잘도 달린다. 꼬리를 흔든다. 옆에서 남편이 그 모습을 지켜보며 울 것 같은 표정을 하고 있다.

"여보세요. 그런 불쌍하다는 표정 하지 마세요. 저 아이들 행복해 보이잖아."

남편은 고개를 끄덕이더니 웃는다.

"사진 찍어도 돼요?"

"네네. 그럼요."

차 안의 강아지가 모두 내려오는 데는 시간이 꽤 걸렸고, 우리는 그러는 동안 이미 보조 바퀴를 장착한 개들과 놀았다. 사진을 찍으며 놀고 있으니 주변에 사람들이 몰려든다. 그때 자원봉사자 한 명이 우리에게 손짓하더니 본인의 휴대폰을 건넨다.

"사진 좀 찍어주세요."

사람과 강아지가 한 줄로 섰다. 우리 어릴 때 소풍날 찍던 기념사진처럼.

"저희 카메라로도 한 장 찍어드릴게요."

"네, 좋아요. 사진은 메일로 보내주세요."

"하나, 둘, 셋!"

우리는 카메라를 사이에 두고 그날의 날씨처럼 환하게 웃었다. 사진을 찍고 헤어졌는데, 공원을 걷는 사이 여러 번 다시 만났다. 그때마다

나는 "발렌티나!"를 외치며 달려갔고, 발렌티나는 보조 바퀴를 신나게
굴리며 꼬리를 치면서 달려왔다.

　　"다시 만나서 반가워!"

3 3

관광지에 삽니다

"너희 '해운대여고'라는 이름이 재밌는 거 알아?"

"아니요. 뭐가 재밌어요?"

"에펠탑여고, 불국사여고라는 게 있다고 생각해봐."

그러네, 재밌네. 우리는 관광지에 살고 있구나. 서울 사람들이 마음 먹고 여름휴가를 오는 해운대에 사는 일은 참 즐거운 일이구나. 그때 나는 막연히 그런 생각을 했다.

제주 서쪽 금능리 마을의 단골 카페 맞은편 집에는 '쫑쫑이'라는 강아지가 살았다. 쫑쫑이는 카페에 손님이 오면 쫑쫑거리며 다가와 꼬리를 흔들며 좋아했다. 제주에서 살 때 우리는 그곳에 자주 갔고, 그때마다 쫑쫑이와 인사를 나누곤 했다. 그러던 어느 날 렌터카가 마을길을 쌩쌩 달리다가 쫑쫑이를 치었다. 다행히 크게 다치진 않았으나 그 뒤로 한참 동안 쫑쫑이는 차와 사람을 무서워했다. 금능은 아름다운 바다로 유명한 해수욕장이긴 하지만, 한편으론 작은 어촌 마을이다. 제주의 다른 곳들도 마찬가지. 유명한 카페 앞집은 살림집이고, 손님들이 줄 선 식당

뒷짐도 살림집이다. 여행자들이 자주 잊는 사실이지만 그곳은 원래 길이 한적해 고양이도 개도 할머니도 어린아이들도 천천히 걷거나 뛰어놀아도 괜찮은 동네였다. 나도 그걸 살면서 겨우 느꼈다.

남미 여행 중에 들렀던 산페드로는 배낭 여행객들이 많이 모이는 과테말라의 호숫가 마을이다. 집 떠난 지 얼마 되지 않은 여행자였던 나는 자유로운 분위기의 산페드로가 마음에 쏙 들었다. 웃통을 벗고 레게 머리를 한 낯모를 서양 여행자들과 하이파이브를 하고, 밤이면 술을 마시고 별을 머리에 이고 숙소로 들어갔다. 드디어 진정한 배낭 여행객이 된 것도 같았다. 한껏 들뜬 시간을 보내다 우연히 호숫가에서 그곳에 사는 사람들을 만났다. 엄마가 빨래를 하는 사이 아이들은 수영을 하고 있었다. 그들과 인사를 나누고, 함께 한참 시간을 보냈다. 호수도 반짝, 아이들 눈도 반짝, 우리 마음도 반짝거리는 시간이었다.

그때부터 거리에서 여행자들이 보이기 전에 아이들이 먼저 보였다. 사는 사람들이 보였다. 목소리를 키울 수가 없었다. 누군가는 술에 취해 또 다른 누군가는 약에 취해 걷고 있는 거리 바로 옆, 유난히 얇은 벽 뒤에는 그 아이들이 잠들어 있을 테니까. 그날 이후 나는 거리를 걸을 때 목소리를 낮췄고, 지나가다 맥주병 조각이 보이면 슬며시 주웠다.

지금 살고 있는 바르셀로나 구시가지는 낮이나 밤이나 붐비는 곳이다. 방음이 잘 되지 않는 오래된 건물 창밖으로 밤마다 술에 취한 사람들이 목소리를 높인다. 여행객들 소음에 잠들지 못하던 자정이 넘은 시간, 참다못해 창문을 열고 골목을 향해 만국 공용어 "쉿"을 길게 외치지

반, 여간해서는 그들에게 닿지 않는다. 고개 들어 위를 보면, 집집마다 빨래가 널려 있어 당신들이 떠들고 있는 이 길에 사람들이 살고 있다는 것쯤 금방 알 수 있을 텐데, 여행에 취한 그들 눈에 거기까지 보일 리가 만무하다.

바로 앞집은 여행자 숙소. 여행객들이 테라스에 나와서 하는 이야기가 우리 집 안까지 고스란히 들린다. 그 숙소 아래층에는 아이가 있는 가족들이 사는데, 여행객들이 그 집 테라스 쪽으로 자꾸 담배꽁초를 떨어트려 빨래가 망가지는 일이 벌써 여러 번 있었다. 아이 아빠는 몇 번이나 씩씩거리며 윗집으로 올라갔다.

관광도시에 사는 일은 동시에 세계 각국의 관광객들을 견디는 일이다. 여기 살면서 '사람까지 관광의 대상이 아니라는 걸 알아주면 좋겠다'는 생각을 하게 됐다. 이 고민은 우리만 하는 게 아니라서, 바르셀로나에서는 테라스에 '여기 사람이 살고 있다', '나는 관광객이 아니다'라는 현수막이 걸려 있는 걸 쉽게 찾아볼 수 있다.

교복을 입고 해운대 바닷가를 걸으면 서울 말씨를 쓰는 남자들이 들뜬 목소리로 다가와 "같이 놀자"고 하곤 했다. 하지만 우리에겐 그냥 하굣길이었다. 자정이 가까운 지금도 창문 밖에서는 시끄러운 영어 소음이 들린다. 오늘 밤도 조용히 자기는 글렀다. 어느 곳도 관광지이기만 한 곳은 없다. 해운대에서 제주, 산페드로에서 바르셀로나로 이어지는 생활과 여행과 추억과 사긴들을 뒤죽박죽 떠올리며 나는 오늘도 그 생각을 하는 중이다. 모든 여행지에는 사람이 살고 있다.

타
지
의

삶

어제는 제제와 병원에 다녀왔다. 딱히 아픈 곳이 있는 것은 아니었지만 한국에 돌아갈 준비 겸 건강검진을 위해 채혈을 해야 했는데, 이 성질 과격한 고양이는 제 몸에 주삿바늘이 꽂혀 있는 시간을 잠시도 버티질 못한다. 스페인에 오기 위해 제주에서 채혈을 할 때도 마음 약한 의사선생님을 그렇게 고생시키더니 여기서도 결국 진정제 신세를 져야 했다.

진료대 위에 불안하게 앉아 있던 제제는 허리춤에 바늘이 들어가자 놀라서 껑충 뛰어 테이블 아래로 내려가더니, 조금씩 다리에 힘이 빠져 이내 뒷다리를 끌기 시작한다. 이리 쿵 저리 쿵 벽에 부딪혀가며 쓰러질 듯 걸으면서도, 앞다리를 바삐 움직이며 책상 아래로, 의자 밑으로, 쓰레기통 옆으로 사람의 손이 닿지 않을 만한 곳으로 도망친다. 아내와 나를 번갈아 바라보는 눈빛에는 원망보다는 의구심과 두려움만 가득해서, 그 눈을 마주한 순간 내가 이 가련한 동물에게 무슨 짓을 한 것인가 죄책감에 사로잡히고 말았다. 내가 왜 제제를 병원에 데려왔는지, 왜 채혈을 해야 하는지, 심지어 왜 이 아이를 데리고 스페인에 왔는지, 찰나의 시간에 이미 돌이킬 수 없는 일들까지 떠오르며 강한 후회가 밀려와 멍하니 서 있을 수밖에 없었다.

약이 퍼지자 의사는 제제를 안아 들고 가림막이 쳐진 진료실로 향했고, 잠시 후 돌아와 두 시간쯤 지나 약이 깰 무렵 다시 오라고 전한다. 그 목소리가 너무나 가벼워서, 너무도 대수롭지 않아서, 다시 현기증이 일었다. 내 표정이 너무 심각했던 것일까 의사는 몇 번이나 "걱정하지 마. 괜찮아"라고 말했지만, 소리와 달리 그 의미는 온전히 내게 오지 못했다. 제제를 기다리는 두 시간 동안 아내와 거의 한마디도 하지 않았다. 나는 소파에서, 아내는 침대에서, 아마도 같은 생각을 하고 있었을 것이다. 예정시간보다 20분 먼저 찾아간 병원에서 제제는 아무 말 없이 누워 있었다. 초점이 맞지 않는 눈을 뜬 채, 아무 말도 하지 않은 채, 아무 표적도 짓지 않은 채, 케이지 안에 그저 엎드려 있었다.

동공이 풀린 눈을 보호하기 위해 불을 끄고 커튼을 내려 어두워진 집 안에서, 제제는 조금씩 걷기 시작했지만 아직 제 몸을 가누지 못했다. 걸으면서도 자꾸 머리를 벽에 부딪혀, 아내와 나는 제제 옆에 쪼그려 앉아 엉덩이를 끌며 제제의 머리를 받쳐줘야 했다. 의사는 한 시간이면 괜찮아질 거라 얘기했지만, 두 시간이 지나서야 제제는 간신히 비틀거리지 않을 수 있었다. 마침 아내의 생일이었다. 생일상을 차리기 위해 시장에 다녀오는 동안, 아내는 쉼 없이 '제제가 걸었어', '제제가 침대에 올라왔어', '제제가 물을 마셨어'라며 문자를 보냈고, 북적이는 마트에서 나는 종종 서서 웃었다.

제제는 저녁때가 되어서야 책상 위로 겅중 뛰어오를 만큼 컨디션을 찾았다. 밥도 먹고 물도 마시고 산책도 가고 화장실도 다녀왔다. 다만, 그때까지 한마디도 말을 하지 않았다. 놀아 달라고, 산책 가자고, 간식 달라고, 평소와 같이 요구하면서도 평소와 다르게 너무나 조용히, 몸짓으로만 이야기했다. 어제와 같은 행동에서 정확히 소리만 빠져 있었다. 목덜미를 만져줘도 뺨을 긁어줘도 갸르릉 소리 한 번 내지 않았다. 언제나 요구할 것은 당당하게, 동네가 떠나가게 울어대던 제제가 아니었다. 자던 아내가 깰 만큼 우렁차게 갸르릉거리는 제제가 아니었다. 그 모습이 너무 처연하고 처량해서, 슬펐고 무척이나 미안했다. 그리고 무엇보다 겁이 났다. 혹시 주사가 잘못된 것일까, 돌이킬 수 없는 일이 벌어진 것은 아닐까. 만약에, 정말 혹시라도 만약에 그렇다면 나는 뭘 어떻게 해야 할까. 의사에게 전화해서 상황조차 제대로 설명할 수 없음에 절망했다. 한국은 꼭두새벽임이 원망스러웠다. 타지의 삶에 크나큰 무기력함을 느꼈다.

밤 열한 시가 지나서야, 제제는 거실 책상 위로 올라와 내 눈을 똑바로 바라보며 "냐옹" 하고 울었다. 방에서 글을 쓰던 아내에게 들릴 만큼 선명한 울음이었다. 그때 느낀 안도감을 글로 표현할 수 있다면, 아마도 무척 아름다운 문장이 될 것이다. 오늘의 제제는 다시 내가 알던 제제로 돌아왔다. 게임을 하면 키보드에 드러눕고 밥을 하면 주방에 들어와 새우를 내놓으라 깽판 치는 건강한 제제다. 산책을 하러 나갈 때면 "나 산책간다아아아" 하고 사이렌처럼 소리를 지르며 문밖으로 뛰쳐나가는 제제다. 그것만으로 오늘은 굉장히 행복한 하루였다.

바르셀로나의
마지막 날,
우리가 간 곳

5

3 4

서두르지 않아도 괜찮아

남편 하나, 나 하나, 짐이 가득 든 무거운 카트를 끌고 좁은 인도를 지나고 있었다. 맞은편에 머리가 하얗고 몸집이 작은 할머니가 역시나 카트를 끌고 우리 쪽으로 걸어오고 계신다. 오른쪽 벽쪽으로 붙어 빠르게 지나야겠다, 그러면 할머니는 왼쪽으로 지나가시겠지. 머릿속으로 후딱 가벼운 계산을 끝냈다. 그런데 할머니는 우리를 발견하자마자 걸음을 멈추더니 조금 들어간 건물 벽 작은 공간으로 쑥 들어가신다. 어, 이건 계산에 없던 건데. 할머니가 길을 비켜주셨네. 본능적으로 걸음이 빨라졌다. 할머니 앞을 잰걸음으로 지나며 꾸벅 인사를 드렸다.

"그라시아스."

내 뒤로 따라오던 남편 역시 조금 더 속도를 내어 나를 쫓아 걸으며 할머니에게 인사를 했다.

"그라시아스."

그때 할머니가 우리에게 말씀하신다.

"트랑킬로. 나 하나도 안 바빠요."

천천히 걸어가도 된다는 이야기다. 순간 '느리게' 버튼이 눌린 것처럼 우리는 천천히 걷기 시작했다. 여기 기준으로는 '빠르게' 버튼을 멈춘 것일지도 모르겠다. 목적지까지 남은 걸음 동안 나는 나지막하게 계속 중얼거렸다.

"트랑킬로, 트랑킬로."

디운 여름날 훅 불어오는 한줄기 신선한 산들바람 같은 말.

바르셀로나에서 자주 듣는 말 중 하나인 '트랑킬로*Tranqilo*'는 '안심해, 침착해'라는 뜻이다. 계산을 하려는데 지갑이 안 보여 급히 가방을 뒤질 때 점원이 하는 말. 길을 빠르게 걷다 부딪히면 하는 말. 나 때문에 일이 지연되는 것 같아 당황할 때 상대가 하는 말. "안심해. 침착해. 서두르지 않아도 괜찮아."

"스페인 사람들은 정말 느린가요?"

종종 듣는 질문인데, 이렇게 답하곤 한다.

"네. 스페인 사람들은 정말로, 느립니다."

바르셀로나 사람들은 모두 '느리게' 버튼을 누른 것처럼 천천히 걷는다. 평소 한국에서 걷던 속도로 걷다 보면 앞에 걷던 사람과 부딪힐 뻔하는 일이 생기는데, 그때마다 '아, 답답해. 왜 이렇게 천천히 걸어서 길을 막고 난리야'라고 생각하다가 깨닫는다. '여긴 바르셀로나지.' 그리고 나도 한숨 돌리고 천천히 걷는 거다. 사실 뭐, 급한 일도 없으니까. 이런 일을 여러 번 반복하다가 언젠가부터 나도 이들처럼 천천히 걷게 되었다. 요즘 길을 걷다가 남편에게 가장 자주 하는 말.

"걸음 너무 빠르다. 천천히 가자."

가끔 나도 모르게 빨리 걷는다 싶으면 음절마다 한 걸음씩 꾹꾹 밟아 걷는다. "바아, 르으, 세엘, 로오, 나아."

이런 느린 걸음에 익숙해진 채 런던 여행을 갔다가 모두가 '빠르게 감기' 버튼을 누른 것처럼 부지런히 걷는 것을 보고 나는 약간 멀미가 났다. "런던런던런던" 이런 느낌. 성큼성큼 걷는 사람들 사이에서 자꾸 사람들과 부딪혔고 나는 그럴 때마다 그들을 소매치기로 의심했다. 바르셀로나에서 빠르게 걸으며 나와 부딪히는 사람은 십중팔구 소매치기였으니까. 나는 소매치기가 많은 느린 나라에서 왔구나. 다른 의미로 정신 바싹 차리고 걸어야지, 생각했다. 나야말로 불과 얼마 전까지 가장 빠른 나라에서 왔으면서.

느린 스페인 이야기 하나 더. 바르셀로나에 온 지 며칠 되지 않았을 때, 휴대폰을 개통하러 대리점에 방문했다. 창구는 두 개였고, 직원도 두 명. 그 앞으로 한 일고여덟 명쯤 줄을 서 있었다. 대기 번호표 같은 건 없고, 앉을 자리도 없다. 줄 끝에 가서 섰다. 그런데 한참을 기다려도 줄이 줄어들 기미가 보이지 않는다. 창구 직원은 손님과 대체 무슨 이야기를 저렇게 나누는지, 혹시 원래 아는 사이인지, 의심스러울 정도로 끝없는 수다를 떤다. 그러더니 기다리는 우리는 보이지도 않는지 문 앞까지 나가서 손님을 배웅한다. 다시 제자리로 돌아와서는 느긋하게 자리를 정돈하고 다음 손님을 부른다. 와… 그 모습이 너무 놀랍고 신기해 얼이 빠진 표정으로 '와하하' 웃었다.

오랜 기다림 끝에 마침내 우리 차례가 되었을 때, 그는 최선을 다해 꼼꼼하게 우리 일을 처리해주었다. 기다리며 쌓인 노여움이 눈 녹듯 사라졌다. 그 뒤로는 기다리는 일에 크게 불만을 가지지 않는다. 이 사람은 느린 게 아니라 손님 한 사람 한 사람에게 최선을 다하는 중이고 내 차례가 되면 나에게도 최선을 다해줄 것을 알게 되었기 때문이다.

물론 언젠가 내 차례 직전에 "잠깐 커피를 마셔야 한다"며 직원 휴게소에 가서 커피를 마시고 나오는 일을 겪었을 땐 감정의 농요가 일기도 했다. 하지만 나는 커피 한 잔 못 마시고 일하는 사람들로 가득한 세상

보다는 커피 마실 시간 정도는 보장되는 사회가 좋으니까. 투표 잘하고, 사람들 인식만 변한다면 그런 사회가 오는 거라고 생각했는데, 사실은 그렇지 않다는 것을, 나부터 감수해야 할 일들이 많다는 걸, 쉬운 일이 아니라는 걸, 우리는 여기서 체험 중이다.

빨리 사는 것이 언뜻 부지런히 사는 것 같지만, 그건 대충 사는 것과 비슷한 것 같다. 천천히 사는 것이 얼핏 게으른 것 같기도 하지만, 그건 정성껏 사는 일일지도 모르겠다. 지금까지 빠르게 대충대충 살아왔다면 이제 천천히 정성스럽게 살고 싶다는 생각을 자주 하고 있다. 내가 즐겁게 일할 수 있는 정도로만 빠르게. 나만 보지 않고 남들이 지금 어떤지도 바라볼 수 있을 정도로만 느리게.

"운 코르타도, 포르 파보르
(Un Cortado, Por favor)"

外出을 할 때는 언제나 가방에 노트북과 작은 카메라를 넣고 나간다. 그리고 길을 걷다가 마음에 드는 카페가 나오면 들어가 앉는다. 커피는 언제나 코르타도를 주문한다. 에스프레소에 약간의 우유와 우유 거품을 넣은, 쉽게 말하면 응축한 라테 같은 스페인식 커피. 그리고 노트북을 켜놓고 시간을 보낸다. 물론 노트북을 꺼내놓은 시간보다 백팩에 넣고 어깨에 메고 다닌 시간이 더 길고 사실은 가방 속에서 한 번도 꺼내지 않은 날도 많지만, 노트북과 카메라를 들고 걷는다는 것만으로도 나는 이미 글을 좀 쓰고 사진을 찍고 있는 기분이 들었다. 그래서 무거워도 꾸역꾸역 가방에 넣고 나갔다.

그러는 동안 가방 빈 공간에는 바르셀로나가 담겼다. 바르셀로나와 노트북과 카메라가 한 공간에서 뒤섞이며 대화를 나누었다. 그 대화들을 마음속 작은 병에 다시 꾹꾹 눌러 담았다. 나중에 바르셀로나를 떠났을 때, 병뚜껑을 열고 하나씩 하나씩 꺼내 봐야지. 그 마음을 아껴 써야지.

바르셀로나의 카페들에는 몇 가지 공통점이 있다. 우선 테이블이 좁다. 커피 잔 하나 두고 노트북을 두면 테이블이 넘친다. 또 하나, 의자가 편하지 않다. 그래서 실은 한국처럼 노트북이나 책을 두고 작업을 하기에 적당한 카페를 찾기는 무척 힘들다. 그런데 커피 가격이 싸다. 카페라테 한 잔에 한국 돈으로 2천 원이 채 안 하기 때문에, 한 잔 마시고 앉아 있다가 다른 카페로 옮기기에 부담이 없는 편이다. 그러니 카페를 고르는 데 덜 머뭇거리게 된다. 어느 날은 하루에 세 군데쯤 카페를 옮겨다니기도 했는데, 그래도 다 합쳐 5유로 정도밖에 들지 않았다.

한 카페에 오래 앉아 있자면 알게 되는 것은, 이곳 사람들은 보통 커피를 마시고 나면 금방 일어난다는 것. 그래서 자리가 편하지 않아도 괜찮다는 것. 그리고 나처럼 노트북을 켜고 탁자 하나를 몇 시간 차지할 때는 음료를 한 잔 두 잔 더 시킨다는 것. 이 사람들 굉장히 돈을 안 쓰는 사람들이라고 생각했는데 아니었다. 바르셀로나 사람들은 굉장히 검소한 편이다. 명품 가방을 든 사람을 찾기 어렵고, 다들 천 가방이나 낡은 배낭이면 충분하다. 조금씩 보풀이 일고, 해진 옷도 당당하게 잘 입고 다닌다. 이곳에선 나도 옷차림 때문에 괜히 기가 죽어 어깨를 움츠리고 걸은 적이 없다. 평소에는 여행객들로 가득한 쇼핑거리에 세일이 시작되면 바르셀로나 사람들은 그제야 쇼핑에 나선다.

이토록 돈을 잘 안 쓰는 이 사람들은, 그러나 카페에 오래 앉아 있으면 커피를 한 잔 더 시키고, 거리 공연을 보고 나면 작은 돈이지만 동전을 낸다. 남의 시간을 쓰고, 남의 공간을 사용하고, 남의 공연을 봤다면 그에 합당한 돈을 지불하는 것. 이방인으로서의 삶이 길어지면서 발견

0298

한 사실이다.

　나도 이제는 한참 머물고 싶을 때는 그들을 따라 말한다.

　"코르타도 한 잔 주세요*Un Cortado, Por favor*."

　"같은 거 한 잔 더요*Otra màs?*"

　"네*Sí!*"

● **글 쓰기 좋은 카페**
  Laie 주소 Carrer de Pau Claris, 85
  Pans 주소 Carrer de Pau Claris, 85
  Cafe Libro Born 주소 Carrer de Pau Claris, 85

● **커피가 맛있는 카페**
  Nømad Coffee Lab&Shop 주소 Passatge Sert, 12
  El magnifico 주소 Carrer de l'Argenteria, 64

● **날씨 좋은 날 가기 좋은 테라스 카페**
  L'Antiquari 주소 Carrer del Veguer, 13
  Cafè d'estIu 주소 Plaça Sant Iu, 5
  Bar del Convent Restaurant 주소 Plaça de l'Acadèmia, 0
  El Jardí 주소 Carrer de l'Hospital, 56

두 개의 캐리어

한국으로 돌아갈 때 캐리어 두 개를 다시 그대로 들고 가는 것. 이것이 바르셀로나 생활의 목표다. 이를 지키기 위해서는 꼭 필요한 것이 아니라면 사지 않아야 한다. 갖고 싶은 것이 생겨도 두 번 세 번 고민하게 된다. '캐리어 두 개'라는 구체적인 목표는 우리의 소비 생활 전체를 바꿔놓았다. 하지만 내가 처음부터 그랬던 것은 아니다.

독립은 어린 시절부터 오랜 꿈이었다. 내 물건을 내 마음대로 늘어놓는 공간을 갖고 싶었다. 회사생활 몇 년 만에 모은 보증금으로 집과 회사 사이에 있는 오피스텔 원룸을 계약했을 때 엄마는 잠깐 섭섭해하시고는, 곧장 "네 짐을 모두 다 가지고 나가"라고 하셨다. 그 원룸에서는 1년 반 정도 살았다. 그곳에 사는 동안 내 공간이 없어서 살 수 없었던 것들을 사모으기 시작했다. 천 피스 퍼즐이 취미였던 그때의 나는 퍼

즐을 펼쳐 놓을 좌식 테이블까지 샀다. 내가 좋아하는 것들이 가득 차 있는 내 공간이 정말 좋았다.

결혼을 하고 전셋집을 얻었다. 혼자 살던 원룸보다 큰 아파트였고, 우리는 갖고 싶었지만 사지 않았던 것들을 더 적극적으로 사기 시작했다. "사도 돼. 그러려고 돈 버는 건데 뭐. 하고 싶은 건 하고 살자"며 서로를 격려하기까지 했다. 남편은 오랜 로망이었던 '우 플스 좌 엑박'(게임기의 양대 산맥인 플레이스테이션과 엑스박스를 모두 구비하는 것)을 실현했고, 평소에도 여행하는 기분을 내겠다며 더블 침대가 있는데 굳이 2층 침대를 또 샀다. 나는 온갖 전집을 사고, 바느질에 관심도 없으면서 미싱을 샀고, 공기청정기도 샀다. 가습기도 사고 비데도 샀다. 짐은 늘었고, 생활은 점점 편리해졌다.

사는 데 그리 많은 짐이 필요하지 않을 수도 있다는 생각을 처음 한 건 배낭여행을 통해서였다. 우리는 각자 6개월 치 짐을 넣은 배낭을 하나씩 짊어지고 남미를 여행했다. 배낭 안에는 옷이며 세면도구, 상비약, 책 몇 권, 맥가이버 칼 등 꼭 필요한 것들만 들어 있었다. 대부분의 요리를 맥가이버 칼 하나로 해결했고, 책 한 권을 여러 번 읽었다. 그러다 길에서 친구들을 만나면 바꿔 읽기도 했다. 사는 데 옷이 몇 벌 필요하지 않다는 것을 처음 알게 된 것도 길 위에서였다. 몇 벌 챙기지 않은 옷이었지만, 그나마도 자주 입는 옷은 손에 꼽혔으니까.

종종 모든 것이 갖춰진 집이 그리울 때도 있었다. 남편은 각종 요리도구가 있는 주방을 아쉬워했고, 나는 읽고 싶은 책을 언제든 꺼내 읽을 수 있는 책장이 그리웠다. 편리할 땐 몰랐는데 불편해지니 알게 되었다. '자유'를 선택한 우리는 그에 대한 대가로 사소한 불편함들을 견뎌야 했다. 하지만 20kg이 넘는 내 짐의 무게를 내가 짊어지고 걷는 동안 마음만큼은 깃털처럼 가벼웠다. 자유롭지만 불편한, 불편하지만 자유로운 시간을 보내는 동안 나는 몸이 조금 불편할 때, 적당히 부족한 상황일 때 마음이 편한 사람이라는 것을 알았다.

2년을 머물 계획으로 바르셀로나에 왔다. 큰 짐은 모두 창고에 맡기고, 캐리어 두 개분의 짐만 들고 왔다. 한 번 6개월 치 배낭을 싸본 경험이 큰 도움이 되었다. 외국에서 길게 살면 챙겨야 할 짐이 무척 많을 것 같지만, 오히려 적었다. 짧은 여행이 아니다 보니 세면도구도 화장품도 이불도 그곳에서 쓸 만큼 사면 될 일. 이번에도 꼭 필요한 것들만 챙겼

다. 옷과 책, 컴퓨터 부속, 몇 년째 사용 중인 내 목에 딱 맞는 베개와 남편 책상 앞에 놓여 있던 스톰트루퍼 탁상시계, 오래 사용한 라디오 겸 스피커 등을 넣었다. 우리가 중요하게 생각하는 게 어떤 건지 알 수 있는 기회라 짐 싸는 일은 생각보다 더 재미있었다.

지금 살고 있는 집은 방이 하나, 거실이 하나인 작은 유럽식 공동 주택. 모든 가구와 가전제품이 갖춰져 있는데, 가구라고 해봐야 소파와 침대, 붙박이 옷장 하나와 서랍, 작은 책장 정도가 전부. 전자제품은 냉장고와 오븐, 세탁기가 다였다. 잠시 머물다 가는 건데, 짐을 늘리고 싶지 않았다. 우리는 책상과 전기밥솥, 커피포트만 더 샀다. 전자레인지와 진공청소기 없이 사는 경험을 처음 하는 중이고, '비데 없이는 살(쌀) 수 없다'던 남편도 비데 없는 삶에 적응해갔다.

전자레인지가 없으니 음식은 보통 그날 해서 그 자리에서 다 먹는다. 바닥은 빗자루로 쓸고, 물걸레로 닦는다. 집에 젓가락이 네 벌밖에 없어서 가끔 다섯 명 이상의 사람들이 우리 집에 식사를 할 때면 "수저 챙겨와"라고 말해야 하고, 이불도 딱 한 채뿐이라 여름에는 솜을 빼고 이불 겉껍데기만 덮고 자고 겨울에는 그 솜을 다시 넣어 쓴다.

누군가는 궁상맞다 할 수도 있겠지만, 나는 슥슥 다시 짐을 캐리어 하나에 채워 넣고 곧장 떠날 수 있는 지금이 좋다. 언제부턴가 내 SNS에는 이렇게 쓰여 있다. '부족하고 단순한 삶을 지향합니다.' 그것은 '두 개의 캐리어'의 다른 말이다.

3

좋아하는 곳 1

타예르 길

남편은 라발 지구를 좋아한다. "이 동네 살아도 좋겠다"라고 종종 이야기할 정도다. 나도 "응, 나도 라발 좋아"라고 말하지만 사실 반은 거짓말이다. 햇살 좋은 낮, 집에서 출발해 고딕 지구를 거쳐, 람블라스 거리를 건너, 라발 지구의 테라스 카페에 앉아 있는 일은 좋아하지만, 그것뿐. 그곳에서 살고 싶진 않다.

라발 지구는 바르셀로나 구시가지 세 지구 중 하나. 다양한 지역에서 온 이주민들이 많이 모여 사는데, 람블라스 거리 바로 옆인데도, 고딕 지구에 비해 관광객이 거의 없는 곳이다. 이곳의 첫인상은 "남미 같다"는 거였다. 그건 우리에겐 칭찬이지만, 누군가에겐 욕일 수 있다. 이곳에는 오래된 건물들이 많은데, 보른이나 고딕 지구만큼 관리가 잘 되고 있진 않아서 전체적으로 허름한 인상이다. 쉽게 말해 지저분하고 어둡다. 저렴한 가격의 술집이 많은 동네라 밤이면 술꾼들이 모여 조금 험악한 분위기가 연출되기도 한다.

라발에 발을 딛는 순간 언제나 조금 긴장하며 가방을 한 번 더 단속하게 된다. 하지만 반대로 걸음걸이에는 긴장이 풀린다. 구제 청재킷을 입고 어깨에 힘을 풀고 휘적휘적 허름한 라발 거리를 걷자면 기분이 몹시 좋아진다. 사실 라발 지구는 낡고 펑퍼짐한 청재킷을 입고 거리를 걸을 때 윙크가 날아오는 유일한 곳이기도 하니까. 그런 일은 여전히 조금 신난다.

나는 라발 지구 중에서도 '타예르 길Carrer dels Tallers'을 좋아한다. 이건 거짓이 전혀 없는 완전한 진실이다. 바르셀로나에서 가장 좋아하는 길을 물어보면 "타예르 길"이라고 말할 수 있을 정도로 카탈루냐 광장에서 람블라스 거리 쪽으로 진입해 오른쪽 첫 번째 골목, 타예르 길을 좋아한다. '타예르'는 스페인어로 장인이라는 뜻이다. 그 길을 걸을 때는 양 옆을 봐야 한다. 구제 옷가게가 늘어서 있고, LP판을 파는 레코드 가게가 있으며, 악기 상점이 있고, 길 끝에 아주 작은 독립서점도 있다. 중간중간 카페들이 있으며 아주 저렴한 호프집도 있다. 주머니에 현금을 조금 넣고 그 길을 걸으면 의기양양한 기분이 든다. 커피도, 맥주도, 옷도 싼 이 길에선 이 돈이면 뭐든 살 수 있고, 마실 수 있다. 가난한 여행객도 여기에선 부자가 된 것 같은 기분을 누릴 수 있다.

● **HOLALA**

주소 Plaça de Castella, 2

빈티지 옷집. 심심하면 백화점에 가는 게 아니라 이 가게에 간다. 원피스와 청재킷을 비롯해 다양한 제품을 판매한다.

● **Flamengo**

주소 Carrer dels Tallers, 68

역시나 빈티지 옷집. 지하에 있는 매장에서 옷을 무게에 따라 가격을 매겨 판매한다. 가벼운 빈티지 원피스 등을 매우 싼 가격에 살 수 있는 곳.

3 8

좋아하는 곳 2
보른 지구

여행에서 기억에 남는 건 웅장한 자연 환경이거나 오래된 유적일 수도 있다. 그리고 에펠탑이라든가 빅벤, 사그라다 파밀리아 같은 유명한 랜드마크일 수도 있다. 하지만 생각해보면 새삼 오래 추억하게 되는 건 어느새 익숙해진 숙소 주변의 골목, 아침마다 들러 커피 한잔했던 빵집, 늘 물과 과일을 사던 작은 슈퍼 같은 것들이다. 나도 모르게 숙소를 '집'이라고 부르게 되는 순간, '이곳을 오랫동안 그리워하겠구나' 생각이 들곤 한다.

바르셀로나의 숙소는 대부분 고딕 지구나 카탈루냐 광장 근처에 모여 있다. 공항버스에서 내려 찾아가기 좋고, 유명한 관광지가 가까우며, 걸어서 대부분의 쇼핑이 가능한 위치. 친구들이 여행을 온다고 하면 보통 이야기한다.

"내가 직접 묵어보지 않아서 사실 숙소 추천은 어렵지만, 일단 위치는 카탈루냐 광장 근처가 좋아."

하지만, 내가 바르셀로나를 두 번째 찾는 여행자라면 보른 지구에 숙소를 구할 것 같다. 관광지가 모여 있는 고딕 지구에서 큰길 하나만 건너면 갈 수 있는 곳. 유명한 유적지는 없지만 골목골목 그 자체로 아주 매력적인 곳. 보른 지구는 디자이너, 화가들의 작업실들이 모여 있는 동네. 지금 가장 핫한 식당과 바들이 늘어서 있는 곳이기도 하다. 세계에서 가장 섹시한 이웃이 사는 동네에도 뽑혔으니 잠시나마 그들과 어울려 아무렇지 않은 하루를 보내는 거다. 아침을 먹고 산책을 하다 점심을 먹고, 잠시 쇼핑을 하다 저녁을 먹고, 맥주를 한잔하고. 정말 이 동네에 사는 사람처럼 보내는 하루.

여행을 마치고 일상으로 돌아가면, 대성당의 아름다운 스테인드글라스도, 반짝이는 바르셀로네타 해변도 아닌 보른 지구에서의 하루가 가장 그리울 것을 알고 있다. 그리고 그 시간들이 다시 우리를 바르셀로나로 데려올 것이라는 것도.

- **Gocce di latte** 주소 Pla de Palau, 4

  이탈리아 사람이 운영하는 젤라토 집. 바르셀로나에서 젤라토 집을 하나 선택해야
  한다면 단연코 여기. 매장에서 직접 만드는 진득하고 깊은 맛의 젤라토를 맛볼 수
  있다. 특히 피스타치오 등 견과류를 활용한 맛을 권한다.

- **Hofmann La Seca** 주소 Carrer dels Flassaders, 40

  이미 여러 번 언급한 스페인에서 가장 유명한 크루아상집 중 하나. 마스카포네 치즈가
  듬뿍 들어간 크루아상도 더없이 행복한 맛이지만, 바삭한 식감의 크루아상 샌드위치도
  권할 만하다. 특히 절인 토마토와 신선한 모차렐라 치즈, 루콜라와 바질페스토가 들어간
  크루아상 샌드위치*Bocadillo con tomate seco i mozzarella*가 압권!

- **Ale&Hop** 주소 Carrer de les Basses de Sant Pere, 10

  맥주계의 미슐랭 가이드인 '레이트비어'에 뽑힌 곳. 열 종류 이상의 선도 높은
  생맥주와 뛰어난 컬렉션의 병맥주를 경험할 수 있다. 단, 채식주의 바이기 때문에
  안주류는 많지 않다.

- **Bar Celta Pulperia** 주소 Carrer de la Princesa, 50

  풀페리아는 문어를 파는 가게라는 뜻이다. 잘 삶아 아주 부드러운 식감의 문어 위에
  올리브유와 파프리카 가루, 소금을 뿌려 먹는 갈리시아식 문어요리를 맛볼 수 있다.
  현지인들이 즐겨찾는 곳으로 대단히 시끄럽다.

- **Casa Gispert** 주소 Sombrerers, 23

  160년이 넘도록 나무 장작을 때는 오븐으로 견과류를 볶는 가게. 아몬드와
  피스타치오, 헤이즐넛이 정말 고소하고 맛있다.

- **Nømad Coffee Lab&Shop** 주소 Passatge Sert, 12

  인생 카페라테. 다른 설명은 생략한다.

3 9

좋아하는 곳 3

포블레누

포블레누*El Poblenou*는 바르셀로나 조금 외곽에 있는 동네. 바다를 끼고 있으며, 주로 공장과 공장과 공장으로 이루어진 곳이다. 한 번도 가볼 생각을 하지 않았다가 '데마노'의 디자이너가 작업실에 초대했을 때 처음 가보았다. 그녀의 작업실은 10층 정도 되는 높은 건물에 있었는데, 낡은 건물을 개조한 곳이었다. 이런 동네도 있구나 싶어 유심히 둘러보니 주변 건물들도 대부분 공장이나 작업실로 쓰이고 있다.

쓰임 없이 비워진 건물이나 공장이 많아 조금 황폐한 느낌을 주기도 하는데, 그 안에 보석 같은 곳들이 박혀 있다는 걸 알고 난 뒤로, 나는 모든 방치된 건물들이 진흙 속의 진주처럼 보인다. 저 흙을 내가 털어

진주로 만들고 싶다는 생각이 들지만, 돈이 많이 드는 일이다.

포블레누를 향해 버스를 타고 가다 보면, 주변에 여행객은 급격하게 줄어들고 시내를 벗어나 점점 외곽으로 향하게 되는데 나는 그때마다 오히려 바르셀로나로 깊숙이 들어가는 기분이 든다. 카페나 식당이 많지 않은데 그나마도 자주 문을 닫아서 허탕을 칠 수도 있다. 인적이 드문 곳이라 몸을 움츠리고 주변을 괜히 둘러보게 될 수도 있다. 이런 것이 상관없다면, 시간이 아주 많다면, 여행 중 하루쯤 아무 일도 일어나지 않아도 된다면, 아무것도 보지 못한 하루도 괜찮다면 포블레누로 가는 버스를 타보는 것도 좋겠다.

● **Espai joliu**

<u>주소</u> Carrer de Badajoz, 95

우리끼리는 '선인장 카페'라고 부르는
곳. 화분으로 가득 찬 카페. 커피도
맛있고, 파운드 케이크 등 디저트도
맛도 훌륭하다.

● **Market Cuina Fresca**

<u>주소</u> Carrer de Badajoz, 83

메뉴 델 디아가 상당히 훌륭한 곳.
모던하면서도 깔끔한 맛이지만, 매일
메뉴가 바뀌기 때문에 기복이 조금
있다.

● **Espacio 88**

　주소 Carrer de Pamplona, 88
　공장을 개조한 카페 공간이
　재미있어서 종종 가는 곳이다.

4 8

안녕, 바르셀로나

차분하게 바르셀로나 생활을 정리하고 싶었다. 친구들과 천천히 인사를 나누고, 좋아하는 카페에서 오래 시간을 보내며, 하루에 한 번씩 바르셀로네타 해변에 가고, 사그라다 파밀리아와 카사 바트요에도 다시 들어가려고 했다. 2년을 살며 끝내 가보지 못한 '벙커(*Bunker del Carmen*, 야경으로 유명한 전망대)'에 가서 바르셀로나 전망을 보고, 다 쓰지 못한 '아트 티켓(바르셀로나 6개 미술관을 자유롭게 들어갈 수 있는 티켓)'도 남김없이 다 쓰려고 했다. 계획은 창대했다. 그런데 우리는 그중 아무것도 하지 못했다.

남편은 마지막 주까지 요리학교를 가고, 졸업 시험을 준비해야 했다. 나는 써야 할 글들이 쌓여 있었다. 그 와중에 살던 집을 비우고 원래 상태로 돌려놓아야 했고, 제제를 다시 비행기에 태울 준비를 해야 했다. 버릴 쓰레기들은 끝이 없었고, 처분할 가구도 꽤 있었다. 미리 한국으로 보낼 택배도 있었다. 그래서 마지막 2~3주는 짐을 버리고 옮기고 싸고 보내고 하는 시간들이었다. 밤에는 글을 썼다. 시간은 쑥쑥 갔다. 우리는 그러는 틈틈이 바르셀로나와 헤어질 준비를 했다. 마지막까지 '한 번 더' '한 번만 더' 하며 어렵사리 다녀온 곳들은 아래와 같다.

아침마다 '호프만'에 가서 크루아상을 먹고 커피를 마셨다.
"우리 곧 한국으로 돌아가."
"왜?"
2년 동안 100번도 넘게 보았지만 이름은 모르는 카페 점원은 이유를 묻더니 곧장 '물어 뭐하나' 하는 표정을 지었다. 우리도 그냥 대답 대신 마주보고 눈을 찡긋하며 웃었다. 인사를 나누고도 우리는 몇 번을 더 갔다. 마지막으로 호프만에 간 날은 우리도 그도 그날 나눈 인사가 마지막일 줄 몰랐다. 마지막에 먹은 크루아상은 '보카디오 콘 토마테 세코 이 모차렐라'로, 갓 구운 크루아상 사이에 절인 토마토와 바질페스토, 루콜라, 신선한 모차렐라 치즈 등을 넣어 만든 샌드위치인데, 모든 재료가 완벽하게 조화로운 맛이다. 바르셀로나에 친구들이 여행을 오면 나는 그들의 손을 끌고 호프만으로 와서 이것을 주문했다. 한 입 베어 물고 황홀한 얼굴이 되는, 친구들의 얼굴을 보는 일이 좋았다.

집 바로 앞에 있는 햄버거 가게 '픔팜'에도 갔다. 저녁 하기 싫은 날이면 가던 곳. 햄버거는 결국 신선한 야채와 잘 구운 패티라는 걸 알게 해준 곳이다. 늘 시키던 대로 '세 가지 치즈 햄버거'와 '감자튀김 작은 사이즈'를 주문했다. 남편은 카냐를 주문하고 나는 콜라를 시켰다. 그리고 언제나처럼 나는 두 입쯤 남겼고, 남편은 그걸 아까워하며 마저 먹고는 배가 부르다고 투덜거렸다.

바쁠 때는 밥 해먹을 시간이 없어 점심은 우리의 단골 보카디오 가게 '산스 바Bar Sanz'에서 해결했다. 보카디오는 샌드위치를 말하는 스페인어로, 바게트 사이에 고기와 베이컨, 치즈 등 간단한 재료만 넣고 꾹 눌러 따뜻하게 내놓는 음식이다. 이곳은 아침에 문을 열어서 오후에 닫는다. 다니라는 30대 남자가 주문을 받고, 연세가 지긋한 그의 아버지가 바 한쪽에서 보카디오를 만든다. 나머지 다양한 일들은 은발의 어머니가 맡아서 한다. 자리라고는 바가 전부이고 손님들 대부분 근처에서 일하는 사람들. 거의 열 가지가 넘는 종류의 보카디오를 팔지만, 우

리가 주로 먹는 건 '로모 이 케소'로 바게트 사이에 돼지 등심과 치즈만 넣고, 구운 것이다. 매일 먹어도 질리지 않는 맛인 데다가 가격이 무척 싸다. 우리는 늘 보카디오 작은 것 두 개에 맥주와 콜라를 마시는데 합쳐 10유로가 넘지 않는다. 보카디오를 먹지 않아도 오며가며 들러 가벼운 안부를 묻는 단골 가게. 이곳에는 인사를 하지 않았다. "우리 곧 떠나"라고 말하는 순간 눈물이 터질 것 같아서.

그리고 파에야를 먹으러 갔다. 평소 다양한 식당을 여기저기 가보기보다 마음에 들면 줄곧 그 한군데에 가는 편이다. 우리가 생각하는 바르셀로나 최고의 파에야 맛집은 해산물 레스토랑 '칸 마호Can Majo'. 늘 생각하는 거지만 파에야는, 파에야 전문식당보다 해산물 레스토랑의 것이 맛있다. 육수가 중요한데 해산물을 많이 넣을수록 육수 맛이 좋기 때문이다. 우리는 칸 마호에 가서 파에야와 멸치 튀김Pescadito Frito, 갈리시아식 문어 요리와 맛조개를 먹었다. 가장 좋아하는 메뉴 구성이다.

피스타치오 아이스크림을 먹으러 '고체 디 라테'에도 갔고, 인생 카페라테를 다시 맛보러 '노마드'에도 다녀왔다. 남편은 어느 밤 혼자 슥나가 '알레&홉'에 가서 맥주를 마시고 왔다. 단골 식당에 가고 그리울 음식을 먹고, 커피를 마시며 우리는 바르셀로나와 천천히 인사를 나누었다. 그러는 사이 청명한 하늘과 맑은 햇살, 늘씬하게 키가 큰 나무들과, 초록색 앵무새, 거리의 강아지들과도 인사를 했다. 이상하게 많이 아쉽지는 않았다. 그건 아무래도 이게 마지막이 아닐 거라고 생각했기 때문인 것 같다. 언젠가 다시 바르셀로나에 온다고 해도 모든 것이 그 자리에 그대로 있을 거라는 것을 믿는다. 바르셀로나는 그런 곳이니까. 쉬이 변하지 않는, 오래된 것을 소중하게 생각하는, 오랜만에 만나도 환하게 웃어주는, 그런 도시니까.

산
티
아
고
에　가
다

다소 갑작스러운 카미노(순례길)의 시작은 사실 소거법의 결과였다. 부활절 휴가로 요리학교가 2주 정도 방학을 맞게 되었고, 모처럼 텅 빈 달력에 나는 몸이 꽤나 근질근질한 상태였다. 더군다나 부활절의 바르셀로나를 피하고 싶은 마음도 조금은 있었다. 좋아하는 가게들은 휴가를 떠나고 그 자리는 전 세계에서 몰려드는 여행자들로 가득 찰 것이 분명했다. 그 북적거림이 유쾌하기도 하지만 평화로운 일상과는 거리가 멀다. 그럴 바엔 어디든 여행을 가자고 아내에게 슬쩍 말을 건넸다. 그러나 나와는 다르게 몇몇 마감과 업무로 한갓진 시간을 보낼 수 없었던 아내는 한숨을 푹 쉬고서, 이번에는 혼자 느긋하게 가고 싶었던 곳에 다녀오라고 한다. 잠시 고민하는 척을 하다가 이내 말을 이었다.

"그럼 나 이탈리아에 다녀올게. 시칠리아에 가서 그 동네 파스타랑 가정식 먹어보고 올래."

"이탈리아는 안 돼. 거긴 나도 가고 싶으니까."

"어? 어… 그럼 크로아티아에 갈래. 전부터 꼭 가보고 싶었어."

"거기도 안 돼. 이유는 같아."

미묘하게 앞뒤가 맞지 않는 단호함에 다소 당황했으나, 결국 몇 번의 오고감 끝에 아내가 먼저 카미노를 제안했다.

"거기라면 부럽지 않을 것 같아."

정말로 오랜만에 배낭을 꺼냈다. 캐리어가 아니라 배낭을 메고, 비행기가 아니라 기차를 타고 출발하는 여행은 남미 이후 처음이었다. 캐리어와 배낭은 비슷한 듯 다르다. 캐리어에는 최대한 많은 짐을 넣으려고 하지만, 배낭에는 최소한의 짐만을 넣는다. 짐을 꾸린 배낭을 둘러메고 허리버클을 결합하고 여유로운 부분을 조이고 당기면 배낭이 내 몸에 착 달라붙어 묘한 안도감을 준다. 사물놀이를 할 때 장구가 몸에 유독 잘 붙는 날의 느낌과도 비슷하다. 오금을 주는 것처럼 몸을 들썩여보고 배낭의 무게가 느껴지기 시작하면, 그제야 어젯밤 잠들기 전까지 느꼈던 약간의 귀찮음이 완전히 사라지고 설렘이 마음을 채운다.

출발지는 폰페라다Ponferrada로 정했다. 최종 목적지인 산티아고 데 콤포스텔라Santiago de Compostela와는 약 220km 떨어진 도시다. 오랜 로망이었던 카미노를 향해 가지만 완주가 목표가 아니기에 단단한 각오도, 미간에 주름에 잡히는 부담감도 없다. 피곤하면 하루이틀 늘어지고, 다리가 아프면 버스를 타고, 풍경이 좋으면 걷기보단 사진을 찍어야지. 그럼에도 불구하고 일단 걷기 시작하면, 다른 순례자들을 만나기 시작하면, 나도 모르게 어깨에 힘이 들어갈까봐, 괜히 다른 이의 비장함을 흉내 낼까 봐 사뭇 걱정이 되었는데 그런 생각이 들 때면 아내에게 전화를 하기로 했다. 아내가 차가운 목소리로 "지랄 말고 버스 타"라고 이야기해주기로 했다. 덕분에 마음이 한결 가벼웠다.

순례자들의 하루는 대부분 해가 뜨기 전, 꽤 이른 시간에 시작된다. 많은 이의 숨결이 닿지 않은 새벽의 차가운 공기는 더 없이 상쾌하다. 배낭은 생각보다 무겁지 않았고, 새로 산 싸구려 등산화는 몇 년을 신은 것처럼 발에 잘 맞았다. 서툴게 이정표를 찾으며 한 걸음 한 걸음 집중하며 걸었다. 도시를 빠져 나오고 전원의 풍경이 펼쳐지기 시작하자 내가 카미노에 왔다는 실감이 났다. 한국도 벚꽃이 한참 필 시기였을 것이다. 여기도 그야말로, 그야말로 꽃들이 만개하고 있었다. '체리블로섬'이라는 단어의 모습 그대로, 사과꽃과 배꽃과 체리꽃이 한데 이우러져 걸음마다 너울너울 향기가 나는 것 같았다. 꽃에, 하늘에, 막 피어오르는 신록에 전신이 팔려 오랫동안 멈춰 서 있곤 했다. 나는 여름이면 여름이 좋고, 겨울이면 겨울이 좋지만, 그래도 유독 봄을 좋아하는 편인데, 그 이유는 언제나 봄의 색깔 때문이다. 초록(草綠), 아니 초록이 되기 전의 신록(新綠). 언 땅을 뚫고 올라오는 새싹의 색깔, 마른가지에 맺히는 이파리의 색깔. 바라만 봐도 마음이 트이는 청명한 하늘 아래 신록이 참 풍성하게도 온 동네에 맺혀 있었다.

사실은 걸으면서 이것저것 생각해볼 계획이었다. 여러 가지를 고민해볼 예정이었다. 나는 왜 잘 다니던 회사를 그만두고 바르셀로나에 왔는가, 여기서 무얼 얻고 느끼고 돌아가는가, 내가 얻은 것은 내가 버린 것만큼 중요한 것들인가. 지난 2년의 선택에 대한 진지하고도 신중한 회고를 비롯하여, 불혹을 눈앞에 둔, 회한과 자기애로 가득 찬 인생 전반에 대한 성찰, 거기에 더해 한국으로 돌아가면 무엇을 하고 살 것인지 생존과 생계에 관한 문제까지. 또한 엉덩이가 가벼운 삶을 유지하기 위한 방법론과 적게 벌고 적게 쓰면서도 어떻게 자존감을 유지할 수 있는가 등등 당장 내 인생에 닥친 화두들을 어느 정도 정리하고 싶었다. 그냥 카미노를 걷다 보면 정신이 맑아지고 마음이 여유로워지고 모든 것에 술술 답이 나올 것만 같았다.

그러나 카미노는 그리 녹록지 않았다. 걷는 일은 생각보다 훨씬 즐거웠으나, 걷는 것 외의 다른 것을 허용할 만큼 여유롭지는 않았다. 해가 뜨기 전, 한 방에 침대가 서른 개쯤 놓여 있는 알베르게(Albergue, 순례자 전용숙소)에서 눈을 뜨면 새벽 근무를 나가는 이등병처럼 조심스러운 몸가짐으로 간신히 씻고 배낭을 추려 문 밖으로 나선다. 이정표도 잘 보이지 않는 어두운 길을 혼자 걷다 보면 간혹 무섭기도 하지만 그보다는 몇 걸음 떼기가 무섭게 급속히 배가 고파진다. 아침 먹을 곳을 금방 찾으면 다행이지만 그렇지 않을 경우는 벤치가 나올 때까지 한참을 걸어야 하나. 직딩한 곳에서 전날 사 놓은 러시안 샐러드와 잼과 초콜릿으로 범벅이 된 빵을 몇 조각 먹고 나면 그때가 정신이 가장 맑을 때인데, 이때부터는 갓 떠오른 아침 빛과 숲속의 청량한 공기에 취해 세속의 것을 걱정하고 싶은 마음이 완전히 사라진다.

오로지 이 순간을 즐겨야 한다는 마음으로, 신선과 같은 발걸음으로 '아 좋다, 아 좋다'만 되뇌며 카메라를 손에서 놓지 못한다. 그렇게 또 한참을 걷다 보면 점점 그림자가 짧아지고 몸에 열이 차오른다. 그 즈음이면 눈에 보이는 벤치마

다 걸음이 닿는 마을마다 온몸 구석구석이 말을 걸어온다. 잠깐만 앉았다 가면 좋겠다, 조금만 더 가서 쉬자, 이 마을 좋은 것 같은데 오늘은 여기까지만 갈까, 아니야 그랬다가는 내일 죽고 싶을 거야, 일인다역을 하는 배우처럼 두 자아가 맞부딪히고 타협하길 반복한다. 첫 이틀은 이 충돌이 정말이지 격렬했다. 발바닥이 부르트고 물집이라도 잡히면 늘 일방적인 싸움으로 끝이 났다. 사흘째부터는 견딜 만했다. 추스르고 달래고 오기를 부리며 걷다 보면 그래도 결국은 목적지에 닿았다. 절뚝거리며 마을 어귀에 들어서면 반사적으로 문 연 바를 찾았는데, 그날의 목적지에서 첫 번째로 눈에 들어온 바에 들어가 생맥주를 마시는 것이 나에겐 순례자의 의식과도 같았다. 그 청량함과 해방감만으로 카미노를 걸을 이유는 충분했다. 생각의 영역은 많지 않았다. 그저 일어나면 걷고, 배고프면 먹고, 피곤하면 쉬는 것. 그 단조로움이 내겐 카미노의 전부였다. 그리고 실은 그게 무척이나 좋았다.

가끔씩은 친구를 만났다. 스코틀랜드에서 사과농장을 운영하는 앤디는 지나가는 나무마다 저건 어떤 나무이며, 언제 꽃이 피는지, 사과꽃과 배꽃과 체리꽃은 어떻게 구별할 수 있는지 끊임없이 설명해주었다. 그의 기대에 부응하기 위해 나는 눈에 들어오는 꽃마다 저 꽃이 무슨 꽃인지 먼저 외치곤 했는데, 안타깝게도 나는 그와 헤어질 때까지 배꽃과 체리꽃을 끝끝내 구별해내지 못했다. 어느 순간부터 그는 나를 '친구'라고 불렀는데, 스페인 사람들의 그 흔한 '아미고'와는 달리 그가 말하는 '프렌드'는 훨씬 더 살가운 의미로 다가와서 이 친구와 소주를 한잔 나누고 싶다는 생각마저 들었다.

미국에서 온 55살의 그렉은 눈이 거의 보이지 않았다. 그는 나를 인간 이정표로 삼아 항상 적당한 거리를 유지하며 내 뒤를 따라왔다. 그러다가 견딜 수 없을 만큼 오르막이 이어지던 오 세브레이로O Cebreiro 가는 길에서 어느 순간 나를 추월해버렸는데, 알고 보니 지난 몇 년 동안 미국의 50개 주에서 모두 마라톤을 완주한 철인이었다.

이탈리아에서 온 비릿은 마야라는 작은 강아지의 걸음에 맞춰 아주 천천히, 긴 호흡의 여정을 걷고 있었고, 호주에서 온 40년지기 부부는 나흘 걷고 하루 쉬고를 반복하며 700km가 넘도록 손을 잡고 걷고 있었다. 하루는 나이가 어리지만 진짜 순례자들을 만나기도 했다. 마드리드의 10대 소녀들 100명으로 이루어진 그룹이었는데, 바르셀로나에서 온 나를 위해 카탈루냐어로 노래를 불러주었다. 이들은 찬송가를 부르며, 기도를 하며, 명상을 하며 걷는다고 했다. 무엇을 위해 기도를 하는지 물으니 시리아를 위해, 배고픈 아이들을 위해, 평화를 위해 기도한다고 한다. 세월호를 위해서도 기도해달라고 말하고 싶었지만 짧은 스페인어로 설명하기가 벅차 아쉬웠다. 그중 아니카는 한국에 가본 적이 있다고 했다. 한국의 성당이 너무 아름다웠고, 특히 베일을 쓰고 미사를 드리는 장면이 무척이나 좋았다고 했다. 한국에 대해 많은 이야기를 듣지만 정말 처음 들어보는 종류의 칭찬이었다. 블랑카는 자기가 메고 다니던 조개껍질에 물을 담아서 주었다. 카미노의 상징인 조개껍질을 메고 다닌 지 일주일이 지났지만 난 이것이 원래 물을 마시기 위한 것임을 모르고 있었다.

그렇게 꼬박 열흘을 걸으니 산티아고였다. 색색의 꽃들이 만발하고 하늘이 무척이나 투명했던 산티아고 데 콤포스텔라. 짧은 여정이었음에도 마음이 벅차올라 숨을 크게 들여마시고서야 걸음을 이을 수 있었다. 카미노의 종착지인 대성당 앞에는 온갖 감정이 넘쳐흐르고 있었다. 누군가는 환호성을 터뜨리고, 누군가는 감격에 겨워 눈물을 흘리고, 누군가는 배낭을 내려놓은 채 그늘에 앉아 한가로운 미소를 짓고 있었다. 어느 누군가는 줄담배를 태우고, 또 다른 누군가는 엉덩이가 보일 듯 대범한 옷차림으로 엎드려 글을 쓰고 있기도 했다. 그 인파 속에서 나는 조금 허무했던 것 같다. 이렇게까지 끝이 명확한 여행은 처음이라 꽤 당황하기도 했다. 나는 아직 더 걸을 수 있고, 더 걷고 싶은데, 시간과 돈과 의지의 한계와 관계없이, 네 여행은 이제 끝이라며 누군가 강제로 마침표를 찍은 듯했다. 우습게도 영화나 게임의 엔딩을 보는 기분과도 비슷했다. 플레이 내내 너무나 즐거웠고 플레이타임도 충분했지만, 그래도 끝내기가 너무 아쉬운, 그래서 오래도록 엔딩크레딧을 바라보는 심정으로 광장 구석에 한참을 멍하니 서 있었다.

해가 중천일 때부터 완전히 어두워질 때까지 광장에 머물렀다. 그 사이, 걸으며 만났던 친구들과도 하나둘 작별 인사를 나눴다. 가끔씩 '내가 이걸 하러 여기에 왔구나' 하는 생각이 들 때기 있다. 비르셀로나에서는 햇실 좋은 오후에 노선카페에 앉아 맥주를 마실 때가 그러했고, 제주에서는 눈 내린 한라산에 올랐을 때가 그러했다. 카미노에서는 산티아고 데 콤포스텔라 대성당 앞에서 보낸 그 몇 시간이 그랬다. 뭔가 설명하기 어려운 미묘한 감정 속에서 조금씩 마음을 추스르던 그 몇 시간이 지나자 너무나 자연스럽게 이제 돌아갈 때가 되었다는 생각이 들었다. 카미노의 끝, 바르셀로나 생활의 끝, 그리고 내 젊음 또 다른 장의 끝.

그녀의
에필로그

좋은 봄날에

바르셀로나에 다시 봄이 왔다.

'봄' 하면 떠오르는 이미지. 부드러운 햇살, 따뜻한 바람, 햇살을 받은 하얗고 노란 들꽃, 연두빛 이파리, 파란 하늘, 청명한 공기, 가벼운 옷차림. 다름 아닌 바로 그 봄이 바르셀로나에 왔다. 앞을 보지 못하는 사람이 '봄'이 무어냐고 묻는다면 바르셀로나 햇살 아래 가만히 서 있어 보라고 하고 싶다. 이게 봄이에요. 눈을 감아도 환하게 알 수 있을 것 같은 봄. 이런 바르셀로나의 봄에 외출을 하지 않는 건 굉장히 어려운 일이다.

어느 시절, 주말마다 하던 고민.

"아, 나갈까, 에이 귀찮은데 그냥 집에 있을까."

꼼짝하기 싫은 주말 오후, 일단 무거운 엉덩이를 일으켜, 샤워를 하고, 밖으로 나가면, '아, 역시 나오길 잘했어'라고 중얼거리게 되는 그 뻔한 반복이 바르셀로나에서라고 없진 않다. 이곳에서도 어떤 날은 며칠이고 밖에 나가지 않을 때도 있다. 하지만 한국에서 내 엉덩이를 일으켰던 게 시내에서 상영하는 영화, 친구와의 약속이었다면, 바르셀로나에서 나를 일어나게 하는 건 날씨. 오로지 날씨뿐이다. 거의 매일 만나는 좋은 날씨이지만 매일 아침이면 나는 여전히 감탄하며 "아, 날씨 좋다"를 입 밖으로 꺼내 이야기한다.

"아, 날씨 정말 좋다. 나가 놀자!"

사실은 이번 주말에는 꼭 가야 할 곳이 있었다. 매월 첫째 주말에만 열리는 디자인 마켓. 오늘은 바르셀로나에서 머무는 동안 마지막으로 갈 수 있는 기회였다. 토요일 밤부터 "내일 가야지" 하고 결심했지만 정작 일요일 점심시간이 시나도록 귀찮음에 세수도 안 하고 뒹굴뒹굴했다. 이러다 결국 못 가겠다. 이럴 땐 친구를 꼬드겨야 한다. 혼자보단 둘이 덜 귀찮으니까.

"뭐 해?"

"침대랑 붙어서 쉬고 있어요."

"나 팔로 알토 마켓*Palo Alto market* 가고 싶은데, 귀찮아서 고민하는 중이야."

"어, 언니 같이 가요."

"그러자!"

귀찮음 두 개가 만나 부지런함으로 바뀌었다.

제일 좋아하는 H14번 버스를 타러 간다. 좋아하는 동네인 포블레누로 가는 버스다. 버스 정류장은 집에서 걸어서 3분이면 닿는다. 오늘은 버스가 연착되어서 15분이나 더 기다려야 한다고 한다. 정류장 안 의자에 앉아 있는데, 따뜻하다. 하늘은 파랗고, 햇살은 눈부시고, 사람들은 웃고 있다. 버스가 오지 않아도 하나도 싫지 않은 계절이 왔다. 봄이구나, 봄이다. 마음이 잔뜩 따뜻해졌다.

버스가 왔다. 교통권을 찍고 안쪽으로 들어가려는데 승객들이 저마다 기사님을 향해 이야기를 하고 있다. "라 람파, 라 람파." 크지 않은 소리로, 하지만 단호하게 이 사람 저 사람 외치는데 기사님이 알아듣지 못하는 것 같다. 아직 사람이 못 내렸다는 뜻인가? 문을 열어달란 소린가? 기사님 옆을 지나던 나는 일단 기사님께 외쳤다. "라 푸에르타(*La puerta*, 문이라는 스페인어로 '문 열어주세요'라고 말할 때 외친다)."

그제야 뒤를 돌아본 기사님. 버스 뒤쪽 내리는 문 앞에 휠체어와 유모차가 있다. 버스가 아예 내리는 문을 닫더니 움직인다. 앗, 분명히 보신 것 같은데, 무슨 일이지? 버스 안의 사람들이 다 같이 동요하는데, 조금 움직이던 버스는 자리를 잡고 다시 서서 문을 열고 경사로를 내린다. 버스와 인도 사이를 이은 경사로 유모차와 휠체어가 천천히 차례로 내렸다. '라 람파*La rampa*'는 경사로였다. 문이 닫히고, 버스는 출발하고, 나는 자리를 찾아 앉았다. '라 람파, 경사로. 어쩌면 마지막으로 외우는 스페인어 단어겠다.' 반복해 외우다가, 조금 섭섭한 생각이 든다.

버스는 다시 평상시로 돌아왔다. 승객들은 다시 앞을 보고 앉아 있다. 문득 지금 눈앞에서 벌어지는 일들과 보고 있는 풍경이 과거처럼 아득하다. 멀리서 과거를 보고 있는 것 같은 이상한 기분. 이 기분이 어디서 오는 건지 나는 슬프게도 아주 잘 알고 있다. 어제와 오늘과 내일이 다르지 않을 때는 없는 마음. 어제는 오늘이 되었지만, 오늘은 내일이 되지 않을, 끝이 보이는 날들에, 그때 생기는 마음.

갑자기 마음속에 봄이 폭발했다. 당연하고 선한 공기. 따뜻하고 상식적인 오지랖. 나는 늘 바르셀로나를 떠나면 하늘과 음식이 그리울 거라 말하고 다녔지만 실은 이 선한 상식이 가장 그리울 것 같다. 사실은 이미 그립다.

나는 봄을 닮은 도시를 하나 알고 있다. 봄을 닮은 도시에서 세 번의 봄을 지냈고, 어느 한때 나도 그 속에서 봄이었다. 그리고 세 번째 봄에 그곳을 떠난다. 봄에 도착해 봄에 떠나서 다행이라는 생각을 하며, 그리고 이 글을 쓰며 훌쩍훌쩍 울고 있다. 울고 있는 나 자신에 놀라서 어쩔 줄을 모르겠다. 나는 봄 같은 사람들이 그리워서 봄마다 바르셀로나 쪽을 보며 울 것만 같다. 다음 생에는 바르셀로나의 봄꽃으로 태어나고 싶다. 봄에 피었다가, 햇살 듬뿍 먹고 봄에 지는 꽃. 그리고 이것은 봄에 꾸는 꿈.

그의
에필로그

다시 만나자

바르셀로나에 온 지 꼭 2년이 되었다. 돌아갈 날이 손가락에 꼽히기 시작하니 마음이 영 어수선하다.

여기에 머무는 거의 모든 날, 스스로 행복하다고 생각했다.

여기에 머무는 거의 모든 날, 바르셀로나에 와서 다행이라고 생각했다.

아주 가끔씩은 정처 없는 미래가 너무나 불안해서 아내에게도 말 못하고 혼자 시름시름 앓았던 것 같기도 하지만, 그렇다 한들 그 며칠을 제외하면 대체로 이곳의 삶은 나에게 매일매일 입고 싶은 꼭 맞는 옷과도 같았다.

지난 2년 동안 그래도 스페인어가 무이 포코(아주 약간) 늘었고, 칼질 소리가 조금은 경쾌해졌다. 김치는 한국 맛이 그립지 않을 만큼 점점 발전하고 있고, 먹고 싶은 것이 있다면 레시피를 보지 않고도 대충은 흉내 낼 수 있게 되었다. 가장 발전한 것이라면 역시 장보기 스킬로, 시장에 가면 어느 가게에서 가장 신선한 계란을 파는지, 어느 가게가 몰래 썩은 양파를 끼워주는지, 어느 아저씨가 생선을 가장 야무지게 다듬어주는지 알게 되었고 덩달아 어느 정도의 스페인어를 구사해야 주인 할머니에게 귀여움을 받을 수 있는지도 체득했다. 가이드를 하거나 스냅을 찍을 때는 꽤 능청스럽게 손님과 친밀감을 쌓으면서도 나름 전문가의 인상을 줄 수 있게 되었고, 이곳에 온 뒤 한 번도 자르지 않은 긴 머리를 혼자 묶는 것도 이젠 제법 익숙하다.

돌아갈 날이 얼마 남지 않으니 여기서 얻은 것들을 셈하게 된다. 한국을 떠남으로써 잃은 것들을 곱씹게 된다. 바르셀로나에서의 삶이 자유로운 영혼으로 보이기 위한 장식적인 몸부림에 불과했는지, 혹은 돌이키 미주하게 될 제주의 삶을 위한 조촐한 밑받침이 되어줄지 아직은 잘 모르겠지만 어쨌거나 당장 몇 달 후의 생계를 걱정해야 하는 처지가 썩 유쾌하지만은 않다.

남미 여행 이후 생긴 가장 큰 소망이라면, 당당히 나를 소개할 수 있는 '직업'을 갖고 싶다는 것이었는데 여기서는 오며 가며 마주하는 사람들에게 나를 가이드로, 사진작가로, 요리사 지망생으로 소개할 수 있었다면, 한국에서는 나를 어떻게 소개할 수 있을지 아직 망설여진다. 여기서 얻은 세 가지 직업은 한국에서라면 왠지 입에 담기 어려운, 너무 크고 버거운 것들로 느껴진다. 이 단어들은 아직도 입에 담는 순간 적지 않게 부담스럽고, 내가 평생 즐기며 할 수 있는 일이 이것들인가 생각해보면 확신이 곧게 서지 않는 것이다.

그렇다고 너무나 걱정되고 위축되느냐 하면 또 그것만은 아니고, 어떻게든 먹고야 살겠지 싶은 묘한 기대감과 함께, 그것도 아니라면 아내가 돈 벌어다주겠지 싶기도 하다.

요컨대,

2011년에 결혼하고,

2012년에 퇴사를 결심하고,

2013년에 남미 여행과 제주 이주를 한 뒤,

2014년에 다시 퇴사를 결심하고,

2015년에 비르셀로나로 와서,

2016년에 드디어 평생 할 일을 찾았나 싶었는데,

2017년이 시작되니, 다시 모든 것이 백지가 된 것 같다.

기대도 불안도 함께 적힌 그야말로 어린아이의 백지.

어쨌거나 행복하고 자유롭다고 느꼈던 일련의 모든 과정에 아내가 함께 있어주었고, 그녀가 리드해주었고, 그녀로 인해 기대 이상의 행운이 함께했으니, 내년에도 그리고 이후의 삶에도 우리가 청첩장에 적었던 문구 그대로, 서로 기대어 함께 있어 자유롭게, 여행하듯 삶을 나란히 걸어갈 수 있길 소원한다.

Adios. Hasta la vista Barcelona.

1남 1녀 1고양이의 바르셀로나 생활기

바르셀로나,
지금이 ·좋아

발행일	초판 1쇄 2017년 7월 3일
	2쇄 2017년 10월 25일

글	정다운
사진	박두산

발행인	이상언
제작총괄	이정아
기획·편집	주소은
디자인	Relish

발행처	중앙일보플러스(주)
주소	(04517) 서울시 중구 통일로 92 에이스타워 4층
등록	2008년 1월 25일 제2014-000178호
판매	1588-0950
제작	(02) 6416-3933
홈페이지	www.joongangbooks.co.kr
페이스북	www.facebook.com/hellojbooks

ⓒ 정다운, 박두산. 2017

ISBN 978-89-278-0871-8 (03920)